U0629990

中国工会对工资影响的实证研究

袁青川　著

科学出版社

北京

内 容 简 介

自《中华人民共和国劳动合同法》出台以来，我国政府较以往更加重视工会建设，尤其重视劳动者权利监督执行和保护方面；加之近年来国家推行以工会为主体的工资集体协商制度，更加强了工会的劳动力市场效应，工会的经济功能逐渐由隐性向显性过渡。当前中国工会对工资影响的实证研究还不多见，且主要从平均工资角度研究工会是否带来工资溢价问题，尚未从工资分布、工会会员、工会覆盖以及收入差距等角度研究工会对工资的影响。因此，本书主要基于雇员雇主匹配数据和中国综合社会调查数据，采用倾向值匹配法、分位数回归法、泛函再中心化影响函数等并结合 Blinder-Oaxaca 分解方法，分别从平均工资水平、工资分布及工资收入总体差距等三个方面研究工会对工资的影响。

本书可供经管类院校、商学院等劳动科学专业的硕士生、博士生阅读，也可供从事劳动关系研究的相关学者尤其是工会研究人员阅读。

图书在版编目（CIP）数据

中国工会对工资影响的实证研究 / 袁青川著. —北京：科学出版社，2018.10
ISBN 978-7-03-056236-4

Ⅰ. ①中… Ⅱ. ①袁… Ⅲ. ①工会–影响工资–研究–中国
Ⅳ. ①F249.24

中国版本图书馆 CIP 数据核字（2017）第 323802 号

责任编辑：陶 璇 / 责任校对：孙婷婷
责任印制：吴兆东 / 封面设计：无极书装

科 学 出 版 社 出版
北京东黄城根北街 16 号
邮政编码：100717
http://www.sciencep.com

北京盛通商印快线网络科技有限公司 印刷
科学出版社发行 各地新华书店经销
*
2018 年 10 月第 一 版 开本：720 × 1000 1/16
2019 年 1 月第二次印刷 印张：10 插页：2
字数：209 000
定价：72.00 元
（如有印装质量问题，我社负责调换）

作 者 简 介

　　袁青川，男，1981 年生，河南开封人，河北大学经济学院副教授，中国人民大学博士，中国人民大学与中国铁建高新装备集团股份有限公司联合培养博士后，中国人力资源开发劳动关系研究会理事，主要从事劳动力市场、收入分配、劳动关系等方面的研究，在《中国人民大学学报》《经济理论与经济管理》等期刊上发表文章多篇，其中部分被中国人民大学复印报刊资料全文转载。主持国家社会科学项目、河北省社会科学项目、保定市社会科学项目、参与国家社会科学重大项目、教育部项目、北京市项目、科学技术部项目多项，出版教材 2 部。

前　　言

随着计划经济向市场经济转型，劳动者的收入分配差距在不断扩大。另外，经济体制改革的深化引发了劳动关系的转型——个别劳动关系向集体劳动关系的转型，在该转型过程中由于政府对集体劳动关系法律规制缺位，劳动争议数量迅速增加。在此大背景下，工会也面临职能转型，逐渐开始较大力度地代表劳动者进行维权。国家也试图通过工会推行工资集体协商。然而由于工会的双重责任，工会对工资的影响受到质疑。本书正是基于上述背景对工会的工资影响问题进行探讨。

本书采用的主要数据包括中国综合社会调查数据（Chinese general social survey，CGSS）和雇员雇主匹配数据。其中，2012 年雇员雇主匹配数据包含劳动者所在企业是否组建工会和是否具有工会会员身份两个变量，这为考虑工会的覆盖效应和工会会员效应提供了数据基础。在研究工会的工资溢价时，因为雇员雇主匹配数据的平衡性不如中国综合社会调查数据，所以采用了 2010 年的中国综合社会调查数据。另外，2008 年和 2010 年的中国综合社会调查数据都包含工会会员身份变量，因此这些数据为本书提供了分析历史趋势的可能。

本书的研究目标是通过文献回顾的方式找出合适的工会对工资影响的计量方法和模型，在此基础上，根据具体的研究内容，选择中国综合社会调查数据以及雇员雇主匹配数据来估计工会对总体工资水平的影响、工会影响工资的主要途径、工会对不同收入群体的工资影响程度、工会对工资不平等的影响等。

本书的主要研究结论为：①工会总体上没有显著地介入劳动力市场调节工资水平；②工会通过相关的劳动法律法规等正向地影响了局部工资；③工会对行业工资没有产生明显的影响；④工会降低了工资不平等；⑤中国劳动者入会具有群体性特征；⑥资源禀赋存在差别是造成工资差异的主要原因，且在不同收入群体中作用程度存在差异。

本书的主要贡献为：①通过文献研究发现，目前中国工会与工资关系的定量研究文献相对较少，这些较少的定量研究主要停留在工会对劳动者的工资水平影响方面，因此本书内容方面的创新点在于进行了工会与工资水平不平等的研究；②本书不但从总体上研究了工会对工资水平的影响，而且将其分解为工会覆盖和工会会员两种效应进行研究，并采用 Blinder-Oaxaca 分解方法研究了工会通过具体的变量对工资产生的影响；③本书不但考虑了决定工资的人口特征、人力资本回报等变量，还重点考虑了根据补偿性工资理论解释的工作特征变量以及劳动力市场歧视理论解释的非生产率的特征变量；④将再中心化影响函数的基尼系数回归与 Blinder-Oaxaca 分解方法结合进行工会对工资不平等影响方面的研究具有一定的创新性。

　　本书的出版得到了高水平大学建设（"双一流"建设）专项经费、河北大学高层次人才引进项目：双重转型背景下中国工会对工资的影响研究（8012605）、河北大学白洋淀流域生态保护与京津冀可持续发展协同创新中心的资助，在此深表谢意。

　　由于作者水平有限，书中难免会有不妥之处，恳请广大读者批评指正。

目　录

第一章　中国工会背景及研究内容设计

第一节　中国工会所处的背景

本书主要是在三个转型、一个制度和双重职责背景下完成的。第一个转型是计划经济向中国特色社会主义市场经济转型；第二个转型是由个别劳动关系向集体劳动关系转型；第三个转型是工会的转型；一个制度是工资集体协商制度；双重职责指工会既具有维权又具有维稳的职责。

一、计划经济向中国特色社会主义市场经济转型——收入分配差距扩大

在计划经济向中国特色社会主义市场经济转型过程中，国家对劳动人事制度进行了相应的调整和改革。企业用工制度由计划分配制度转为双向择业制度，用工形式由固定工转向合同工，劳动力按照市场需求进行配置，政府减少了行政干预，打破了铁饭碗制度。在经济转型过程中，劳动者和用人单位签订的多数是个别劳动合同，劳动者的利益受到资本的冲击比较严重，收入分配差距不断扩大。例如，李实和罗楚亮（2011）利用帕累托分布修正住户调查抽样偏差对收入差距指标的影响，同时考虑了富人榜和上市公司数据，分别采用国家统计局以及卡恩定义的收入，发现全国的基尼系数在 2007 年分别达到 0.524 和 0.539。可以说收入分配差距扩大已经是一个非常严重的问题。

二、个别劳动关系向集体劳动关系转型——集体劳动关系法律缺位

在经济转型引起劳动关系重大变革的同时，劳动关系领域也面临着个别劳动关系向集体劳动关系转型（常凯，2009）。在劳动关系转型时期，劳动法律对劳动关系选择性干预的特征表现为个别劳动关系干预过度和集体劳动关系干预缺位（段礼乐，2011；丁建安，2011；许晓军和任小平，2008）。《中华人民共和国劳动合同法》出台之后，在劳动合同的签订时间期限、劳动关系建立的时间、劳动合同的解除和终止方面都增加了相应的法定情形，特别是在劳动合同的解除和终止方面加大了相应的违法处罚力度。然而调整集体劳动关系且具有较强执行力的劳动法律法规却很少。

三、经济转型引发工会的转型——工会职能的转变

自 20 世纪 90 年代以来，经济体制改革不断深化，国有企业实行政企分开，效益较差的企业进行资产剥离或宣布倒闭，允许被私营企业兼并等；同时国家大力支持私营企业的发展。在这种背景下，我国的工会情况也发生了相应的变化。表 1-1 反映了在我国的经济体制改革过程中工会组织数量的变化情况。从表中数字可以看出我国工会组织数量在该过程中经历了三次变化：1998 年之前工会处于衰退期；1999～2002 年工会组织数量快速增长；2003 年以后工会组织数量持续稳定增长。

表 1-1　工会组织总数以及企业类型工会变化趋势

年份	总计/万	国有企业/%	集体企业/%	私营企业/%	港澳台商投资企业/%	外商投资企业/%	其他/%
2011	232.00	8.01	7.54	11.10	3.46	5.45	64.44
2010	197.64	8.20	8.08	8.24	3.52	5.03	66.93
2009	184.54	8.88	8.10	7.55	3.52	5.16	66.79
2008	172.55	8.86	7.60	6.84	3.36	5.05	68.29
2007	150.84	9.06	7.27	5.71	3.52	4.53	69.91
2006	132.40	9.39	7.27	4.66	2.71	3.41	72.56
2005	117.44	11.67	7.32	3.95	1.53	1.77	73.76
2004	102.00	10.84	7.72	3.24	1.42	1.39	75.39
2003	90.55	11.86	8.38	2.49	1.20	1.31	74.76
2002	171.25	11.87	5.68	1.00	1.10	1.16	79.19
2001	153.80	12.75	6.18	0.70	3.20	4.02	73.15
1999	50.86	12.82	5.90	1.00	0.49	0.59	79.20
1998	50.35	14.42	7.62	0.69	0.62	0.66	75.99
1997	51.03	38.39	9.35	0.50	0.31	0.91	50.54
1996	58.59	45.01	11.35	0.20	0.29	0.76	42.39

数据来源：根据 1997～2012 年《中国劳动统计年鉴》整理获得，由于 2000 年的数据缺失，故表中未列出 2000 年的数据

工会组织数量的三次变化均与时代背景存在密切联系。20 世纪 90 年代，我国对国有企业进行了较大力度的整改，用劳动合同制度代替固定工制度，很多国有企业和集体企业倒闭、破产或被兼并，这些企业中的劳动者总数也明显下降。当时工会组织主要集中在国有企业，国有企业改革的结果使得很多工会组织消失。

虽然私营企业和其他外资企业也在不断地发展，但这些企业大多没有工会，所以导致工会组织数量的下降。到 1998 年，我国工会组织建设情况处于低谷。

1997 年亚洲金融危机导致经济持续低迷，很多私营企业由于出口额下降而被迫倒闭，拖欠、克扣工资、违反劳动合同、不给劳动者工伤赔偿等劳动争议数量大幅度增加。在此背景下，出现了很多基层劳动者保护性组织，但这些组织明显独立于中华全国总工会（简称全总）。在这种情况下工会的职能开始发生转变。

1999 年，政府开始意识到必须从基层工会来积极地推动工会工作，通过维护劳动者的权益吸引更多的工会会员，以此来抵制那些相对独立的劳动者保护性组织。2000 年，时任全总主席的尉健行在《全国新建企业工会组建工作会议》上强调，新建企业工会组建工作要发扬创新精神，不能照搬国有企业的方式方法，必须在组织体制、工作机制、活动方式、职责履行等方面大胆创新，并着眼于在企业建立调整劳动关系的有效机制，维护职工合法权益，共谋企业发展。

随着工会政策的转变，基层工会组织和工会会员的数量不断攀升（表 1-1）。与此同时，工会规模的快速膨胀带来了一个严重问题，快速地组建工会，却没有关注到组建起来的工会组织质量，即有很多工会名义上是工会组织，实质上并非工会组织，因为很多工会是由私营企业的所有者建立起来的。为此，全总又发起了一场工会的清除运动，到 2003 年，通过不断的调整，工会组织数量由 171.25 万降至 90.55 万。

随后，全总组建工会的政策出现了明显的变化，开始强调工会组织数量和工会会员数量的稳步发展，这也是 2003 年中国工会第十四次全国代表大会的中心议题。截至 2011 年，私营企业工会明显超过了国有企业和集体企业工会组织数量。工会政策的转变以及工会组织所在企业类型的比例变化，为工会职能的成功转型奠定了基础。

四、工资集体协商制度成为工会干预的重要手段

在经济转型引起收入差距扩大、劳动关系转型引起集体劳动关系干预偏低的情况下，工会在劳动关系的工资决定中的作用得到了明显加强。首先，这种加强体现在我国的劳动法律体系中，《中华人民共和国劳动合同法》第四条中规定，涉及劳动者切身利益的规章制度或者重大事项时，应当经职工代表大会或者全体职工讨论，提出方案和意见，与工会或者职工代表平等协商确定。在规章制度和重大事项决定实施过程中，工会或者职工认为不适当的，有权向用人单位提出，通过协商予以修改完善。涉及劳动者切身利益最关键的一项就是工资。其次，工资集体协商制度得到了更为广泛的推广。针对工资集体协商所面临的阻力，2011 年

全总出台了《中华全国总工会 2011-2013 年深入推进工资集体协商工作规划》等，加强了工资集体协商制度的顺利实施。

五、由于具有双重职责，工会改善工资的能力被质疑

2001 年出台的《中华人民共和国工会法》第六条规定，工会在维护全国人民总体利益的同时，代表和维护职工的合法权益。由此可见工会不仅要维护劳动者的权益，还肩负着维护社会安定的重大任务。在维权责任和维稳责任的双重委托责任下，有人怀疑工会对工资的影响力。也有人认为在维权和维稳不相违背的情况下，政府还是比较支持工会代表劳动者利益与企业进行集体谈判，改善劳动者工资等待遇的。

基于以上研究背景，本书主要研究以下问题：

（1）工会对总体工资水平是否有显著性的影响？工会主要通过什么渠道对工资产生影响？

（2）工会对不同收入群体中的劳动者工资是否有不同的影响？

（3）工会对工资不平等是否存在显著性的影响？

第二节　研究目标与研究内容

本书的研究目标是通过文献回顾的方式找出合适的工会对工资影响的计量方法和模型，在此基础上，根据具体的研究内容，选择中国综合社会调查数据以及雇员雇主匹配数据来估计工会对总体工资水平的影响、工会影响工资的主要途径、工会对不同收入群体的工资影响程度、工会对工资不平等的影响等。具体包括以下研究内容。

一、中国工会工资溢价

本书采用个体数据，通过三种情况研究工会的工资溢价问题。

第一，考察工会的总体工资溢价。即对总体样本中的工会会员和非工会会员的个体工资进行比较，在控制了相关变量后来确定是否存在工资溢价问题。在研究工资溢价问题时，需要考虑的一个重要问题就是选择性偏差：样本中的个体可能来自工会企业，也可能来自非工会企业；已经组建工会的企业中的劳动者有选择是否加入工会的自由，但没有组建工会的企业中的劳动者是没有选择自由的。基于以上因素考虑，采用倾向值匹配（propensity score matching，PSM）估计的方法。

第二，考察工会覆盖效应。即在控制了影响工资水平的其他因素之后，考察

工会企业中的劳动者和非工会企业中的劳动者工资是否存在工资差异。这种研究主要估计劳动者的工资是否因为存在工会而产生差异，因为如果存在工会，就会存在搭便车效应，即工会企业中工会会员和非工会会员都会因为工会的存在而受益，这就是工会的覆盖效应。

第三，考察工会会员效应。通过工会企业样本中的工会会员和非工会会员的工资研究工会会员的工资溢价问题。在这种情况下，劳动者有选择是否加入工会的自由，劳动者的选择性偏差可能就比较明显，需要重点考虑选择性偏差问题。在控制了选择性偏差和重要的影响工资水平的变量之后，确定工会会员的工资溢价问题。

总之，工会工资溢价问题需要从三个角度进行研究。第一个角度是基于总体的个体数据研究工会会员和非工会会员之间在消除影响工资的因素后，是否存在着工会溢价问题；第二个角度是研究劳动者的工资是否因为企业组建工会而产生差异，即工会覆盖产生的工资溢价问题。第三个角度是在工会企业的内部同时存在着工会会员和非工会会员，研究他们之间是否存在工资溢价问题。

二、中国工会的工资决定机制

无论对工资总体水平的影响程度如何，工会还是能够通过影响决定工资的各种要素进而影响工资的。为了解工会覆盖工资溢价、工会会员工资溢价中工会对于工资价格的不同影响，本书采用 Blinder-Oaxaca 分解方法，分解出决定工资的不同变量的价格或系数，进而确定工会的工资决定机制。本书不但考察决定工资的各个变量的价格差异，还考察决定工资的各变量的禀赋差异，进而全面、详细地了解工会对工资的影响途径等。

三、工会工资溢价与工资分布

很多研究表明工会对工资的影响程度具有很高的尾部特征，即工会对较低收入水平群体中的劳动者具有较高的工资溢价，而对较高的收入群体具有较低的工资溢价。因此本书主要考察工会的工资溢价尾部特征。为了较为准确地考察工会对不同收入群体中劳动者的工资影响，采用无条件分位数回归。并结合 Blinder-Oaxaca 分解方法，具体研究工会覆盖效应和工会会员效应在不同分位数下的特征效应和价格效应[①]。

---

① 在有些研究中将"特征效应"表述为"禀赋效应"，将"价格效应"表述为"系数效应"。

四、工会与工资不平等

工会对工资分布的影响主要包括相互矛盾的两个方面：一方面，提高工会会员相对于非工会会员的工资水平，工会起到了提高工资差距、加剧工资分散的作用；另一方面，提高低收入行业劳动者的工资水平，减少了与高工资水平行业的工资差距，工会起到了缩小工资差距的作用，即工会对工资水平分散程度的作用具有两面性。首先，总体上采用基尼系数的再中心化影响函数（recentered influence function，RIF），考察工会对工资不平等的影响，并采用 Blinder-Oaxaca 分解方法，研究工会通过各个变量对工资不平等的影响。而后，利用 2008 年和 2010 年中国综合社会调查数据分析工会对工资不平等影响的历史趋势。

五、中国工会对工资影响的制度分析及政策建议

通过研究工会与工资水平、工资分布、工资不平等之间的关系，采用 Blinder-Oaxaca 分解方法，得出工会与工资的相关结论，在讨论相关的制度背景原因之后，结合我国目前的工会制度现状，提出一些具有针对性的政策建议，进而促使工会更好地发挥其经济功能，促进劳动关系的和谐稳定。

第三节　工会工资溢价等的研究方法

一、文献研究方法

1. 检索与筛选

主要通过文献研究方法来回顾以前学者的研究方法和研究结论及采用的主要研究变量等。最为重要的是发现在研究工会对工资影响时存在着哪些计量上的问题，其他学者是如何克服和解决的，在此基础上来构建研究模型、选取恰当的研究变量，从而减少研究偏差。

通过中国知网、维普网等，采用"工会＋工资""工会＋收入分配"等关键词进行搜集。发现相关的文献比较少，1954～2012 年检索结果共计 36 篇，大部分文章是关于工会工资集体协商的研究，对工资溢价研究的定量分析的文章少之又少。通过检索出来的少量的几篇中文文献的参考文献进一步扩展，数量也很有限，因此主要采用外文数据库对相关的文献进行搜集。

主要通过 EBSCO[①]数据库、NBER 数据库、JSTOR[②]数据库、SAGE 数据库、SSRN（social science research network，社会科学研究网）、IZA 劳动研究所（Institute for the Study of Labor）、Google 等搜集国外文献。同时通过相关的图书，如劳动经济学、劳动关系学、集体谈判、制度经济学等寻找相关的研究成果和理论。

在通过数据库进行筛选时，初步筛选了有"unions + gap"关键词的文章，对这些文章进行整理并从中得到启发，通过其他关键词进行相关内容的搜集，例如，"unions + differentials""unionism + gaps""unionism + differentials""unions + relative wages"等。另外，通过研究这些参考文献发现另外一个重要的研究方向，即工会与工资分布，而工会对工资分布、工资不平等的影响也是本书重要的研究内容，因此将关键词改为"union + inequity""union + dispersion"等。通过对这些文献进行浏览，选择与本书研究密切相关且具有重要影响力和具有重要理论、方法、技术等支持的文章仔细阅读，最后得出本书思路和实证分析策略。

2. 文献整理

由于收集的文献较多，所获得的文献对本书研究的贡献程度有所不同，笔者根据对本书研究价值大小对文献进行了分类整理。首先对本书采用的主要文献的期刊来源进行了初步的归纳研究，经过统计分类，详细阅读文献期刊来源分布情况如表 1-2 所示。

表 1-2　文献来源分布

文献来源	所选论文数量
Journal of Labor Economics	15
Industrial and Labor Relations Review	12
British Journal of Industrial Relations	8
Journal of Human Resources	4
Econometrica	3
Journal of Labor Research	2
Economica	4
Oxford Bulletin of Economics and Statistics	3
CEPR Discussion Paper	3

① EBSCO 是一个具有 70 多年历史的大型文献服务专业公司，提供期刊、文献定购及出版等服务，总部在美国，19 个国家设有分部。开发了 100 多个在线文献数据库，涉及自然科学、社会科学、人文和艺术等多种学术领域。其中两个主要全文数据库是 Academic Search Premier 和 Business Source Premier。

② JSTOR 全名为 Journal Storage，目前 JSTOR 是以政治学、经济学、哲学、历史等人文社会学科主题为中心，兼有一般科学性主题共十几个领域的代表性学术期刊的全文数据库。从创刊号到 3～5 年前过刊都可阅览 PDF 格式的全文，最早的过刊可追溯到 1665 年。

文献来源	所选论文数量
British Journal of Industrial Relations	3
IZA Discussion Papers	3
NBER Working Papers	5

根据 SSCI 期刊对影响因子的排名，*American Economic Review*、*Industrial and Labor Relations Review*、*Industrial Relations Journal* 排在比较靠前位置，IZA、NBER 等都是著名研究组织的数据库。

从这些文献发表的不同年代以及所研究的内容发现，20 世纪 80 年代研究工会对工资影响的比较多，而且主要倾向于对工资水平的影响；20 世纪 90 年代出现了另外一个重要的研究主题：工会与工资分布、工会与工资不平等；21 世纪以来，研究工会的工资溢价的文献有明显的角度转向，从横截面数据转向历史性数据，即从历史角度研究工会对工资影响的变化。从研究内容上看，不同年代研究的侧重点不一样，在 20 世纪 80 年代以前，由于数据的局限性，一些经典文章在很大程度上都是因其计量方法的改进和新计量方法的使用而出名，对计量方法的介绍成为文章的重点内容，而数据的使用以及计量结果则处于次要地位。20 世纪 80 年代以来，随着各国数据库的不断完善，在原有计量方法基础上就可以得到比较完美的运用，因此计量方法的改进以及新的计量方法使用方面的内容则少之又少，更多的是利用工作场所数据、雇员个体数据、雇主数据、行业数据以及这些历史年份的数据综合研究工会对工资的影响。

二、实证研究方法

本书主要基于 2012 年的雇员雇主匹配数据和 2008 年、2010 年中国综合社会调查数据，采用定量的方法研究工会对工资的影响。本书主要包括四个方面：第一，工会对工资水平的影响；第二，工会的工资决定机制分析；第三，工会对工资分布的影响；第四，工会对工资不平等的影响。鉴于所研究的内容，采用以下具体的实证研究方法。

1. 纠正样本选择性偏差的两步法

在研究工会会员的工资溢价时，需要单独研究工会企业中工会会员与非工会会员的工资决定方程。单独采用工会会员和非工会会员的工资等式计算工资溢价，可能存在选择性偏差，即采用的工会会员和非工会会员的工资数据都是观测到的数据，而这些劳动者加入工会或不加入工会的选择和他们的工资是有关系的。一般而言，工资溢价越大，他们越倾向于加入工会；另外，具有不同资源禀赋的劳动者加入工会的倾向也会影响到工资溢价。研究表明，工作能力越低的劳动者越倾向于加入工会，而工作能力越高的劳动者越不愿意加入工会，这种选择性偏差造成了内生性问题。基于内生性考虑，分别针对工会会员与非工会会员的工资方程式采用 Heckman 两步法。

2. 倾向值匹配估计法

倾向值匹配估计法是一种典型的反事实评价技术，第一步通过 logit 模型或 probit 模型进行倾向性打分，获得 common support 的观测数量，然后采用一定的匹配方法进行配对比较，这些配对方法主要有最邻近方法（nearest neighbor matching）、半径匹配法（radius matching）、分层匹配法（stratification matching）、核匹配法（kernel matching）等。倾向值匹配估计法在尽量保证个体特征相同或相似的情况下比较工资水平的差异，以尽量排除可观察的个体特征差异带来的选择性偏差估计问题。然而这种方法的局限性在于如果匹配方式较为苛刻，那么 common support 的观测数量就会较少，导致估计的样本量不足。

3. 分位数回归法

采用分位数回归进一步考察工会对哪个收入阶层的工资影响更大。分位数回归法可以提供一个更为全面的视角，展示自变量对因变量不同分位数上的影响程度。这种方法在自变量对不同分位数上的因变量影响有重大差别时有更突出的价值，可以揭示自变量对因变量局部变化的影响以及捕捉一些尾部特征等。它不像最小二乘法（ordinary least square，OLS）估计一样，只能描述自变量对因变量的平均影响。与 OLS 相比，分位数回归法更为稳健。在研究工会对不同收入群体中劳动者的工资影响时，本书采用无条件分位数回归。

4. Blinder-Oaxaca 分解方法

在研究工会的覆盖工资溢价和会员工资溢价问题、不同收入群体中的工资溢价问题以及工会对于工资不平等影响问题时，采用 Blinder-Oaxaca 分解方法可以将工会的影响进一步分解为特征效应和价格效应两个部分，估计出工会在不同收入群体中的工资价格决定机制以及对不平等的影响等。

第四节　工会与工资关系的几个重要概念界定

本书主要研究我国工会对工资水平、工资分布以及工资不平等的影响。在工资收入水平影响方面，主要考察工会企业中工会会员与非工会会员工资水平的差距，即工资溢价。在工资分布方面，主要考察工会对不同群体工资的分布情况的影响。为了便于后面的研究，首先界定以下几个具体性的概念。

一、工会工资溢价

工会工资溢价指劳动者在加入工会之后获得的工资和其如果没有加入工会获得的工资之差与其在后一种情况下获得的工资之比，可以用式（1-1）表示：

$$A_i \equiv \frac{W_u - W^a}{W^a} \tag{1-1}$$

其中，W_u 为劳动者加入工会之后获得的工资水平；W^a 为劳动者没有加入工会获得的工资水平。

二、工会工资差距

W_u 是一种可以测量的数据，而 W^a 是一种反事实状态下的数据，即该数据在现实生活中根本不存在。为了获得工会工资溢价的研究结论，很多学者采用了工会工资差距的概念来代替工会工资溢价。工会工资差距是指工会会员的工资水平和非工会会员的工资水平之差与非工会会员的工资水平之比，可以采用式（1-2）表示：

$$d_i \equiv \frac{W_u - W_n}{W_n} \tag{1-2}$$

其中，W_u 为工会会员的工资水平；W_n 为非工会会员的工资水平，这两个数据都可以观察到，一般的问卷调查获得的也是这两组数据。但是这两组数据计算的结果并不完全是工会对工资水平的影响，因为工会会员和非工会会员两个群体的资源禀赋不同，工资水平也不同，而且可能存在威胁效应和溢出效应[1]，导致工会工资溢价被低估或高估。

---

① 威胁效应主要是企业所有者因为害怕劳动者一旦成立工会导致工资上涨，所以迫于劳动者成立工会的压力而主动上涨工资，这种工资的上涨并不是由工会原因导致的直接工资上涨。另外，工会存在使得工会会员工资上涨，导致工会企业所有者劳动力使用量下降，使一部分劳动力从工会企业被排挤到非工会企业，这样就导致非工会企业的工资下降，从而产生溢出效应。如果采用工资差距的概念测量工资溢价，就显然高估了工会的工资溢价。因此在采用工资差距的概念来估算工资溢价时，必须对这两种效应进行控制。

三、工会的工资决定机制

工会的工资决定机制指由工会原因导致的工会企业和非工会企业决定工资要素的系数差异。工会通过劳动合同、集体劳动合同、人力资本回报等的回报价格影响工资水平，具体见图 1-1。

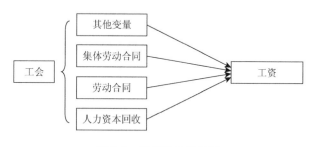

图 1-1　相关变量关系图

四、工会覆盖的工资溢价与工会会员的工资溢价

目前我国的劳动者要么在工会企业中工作，要么在非工会企业中工作。工会企业中的劳动者可以进一步分为工会会员和非工会会员。在我国没有组建工会的企业中劳动者一般不会成为工会会员，因此都属于非工会会员。目前，工会企业的非工会会员即使没有缴纳会费，同样可以获得工会与企业进行集体谈判所获得的权利，但由于工会企业的工会会员和非工会会员在福利方面存在明显差异，尤其是国有企业福利在工资总额中所占比重相对偏高，私营企业为避税，将工资总额的一部分以福利形式发放给员工，从而出现工会企业中工会会员和非工会会员的工资由于工会会员身份不同而产生的差异。因此在研究工会的工资溢价时，需要进一步区分工会的覆盖效应以及工会会员的工资影响。

1. 工会覆盖的工资溢价

工会企业劳动者和非工会企业劳动者如果在其他方面都相同，前者的工资水平仍然比后者的工资水平高，那么就说明存在正的工资溢价，否则存在负的或不存在工资溢价。在保持工会企业劳动者和非工会企业劳动者其他特征相同的条件下，两个群体工资存在显著性的差异，就说明存在工资覆盖的工资溢价。

2. 工会会员的工资溢价

在国外，工会企业中的劳动者如果加入了工会，就可以享受工会的存在带来的工资增长。在我国目前还没有专门针对工会会员的特殊工资政策，但在福利方面却存在明显的工会会员受益。然而我国劳动者工资收入的来源和组成还没有一个完全清晰的标准和界限，在调查过程中可能将工会会员从工会获得的现金福利或者物品等折合进工资；另外，也有可能存在一些企业为了避税，通过工会将福利作为工资的一部分发放给劳动者，从而出现工会会员的工资溢价。

第五节　研究工会与工资的总体思路框架

本书在文献研究的基础上，结合所使用数据库中的数据特点，找出适合本书研究内容且能达到研究目标的一些重要的数据计量模型。在文献研究中，主要获得以下三个方面的支持。

（1）变量选择理论：一个重要变量进入模型，都应该有其相应的理论给予支持。

（2）理论模型：采用一种恰当的理论模型是准确估计研究结果的前提，如果理论模型错误，整个研究将会得出错误的结论。

（3）计量方法：在正确选择理论模型的基础上，由于理论模型本身的缺陷或者获得的数据的局限性等最终估计结果会有一定的偏差，而一种恰当的计量方法会最大限度地将这种偏差降至最低。

在前面研究的基础上，考虑到我国的实际国情，劳动者是否加入工会不仅具有个人选择性偏差问题，还可能具有背后相应制度的强制性要求，这就造成了一些大企业、利润较好的企业中工会会员人数较多，因此，在变量选择方面主要控制人口特征变量、人力资本变量、工作特征变量、企业组织特征变量以及行业变量。

在控制这些变量的基础上，考察工会的总体工资溢价问题，使用 PSM 方法进行估计。PSM 方法对数据平衡性要求较高，雇员雇主匹配数据平衡性检验结果不理想，但中国综合社会调查数据的平衡性很好，因此采用 2010 年的中国综合社会调查数据和 PSM 方法验证工会总体工资溢价的存在性，估计出的可以表示工会覆盖的工资溢价和工会会员的工资溢价之和，即工会总体工资溢价。

采用 2012 年的雇员雇主匹配数据进一步了解工会覆盖的工资溢价和工会会员的工资溢价。在研究工会覆盖的工资溢价时采用的解释变量是调查对象所在的企业是否具有工会二元哑变量；在研究工会会员的工资溢价时采用的解释变量是工会企业中是否为工会会员二元哑变量。

首先，研究工会会员的工资溢价以及工会总体工资溢价时需要消除选择性偏差，使得样本对解释变量具有随机性，而不是具有选择性效应的样本，因此，结合数据的特点采用可以消除选择性偏差的研究方法：样本选择模型、倾向值匹配估计等。

其次，考察工会的工资决定机制问题。在工会企业和非工会企业中以及工会企业工会会员和非工会会员之间，人口特征、人力资本特征、工作特征、组织特征、行业特征以及地区特征等变量对于工资水平的决定是否存在着明显的差异，是研究工会的一项重要内容，即工会企业和非工会企业的工资价格政策是否存在着重要的差别。为了进一步考察工会的工资决定机制，分别针对工会覆盖和工会会员两种工资溢价效应进行 Blinder-Oaxaca 分解。研究思路如图 1-2 所示。

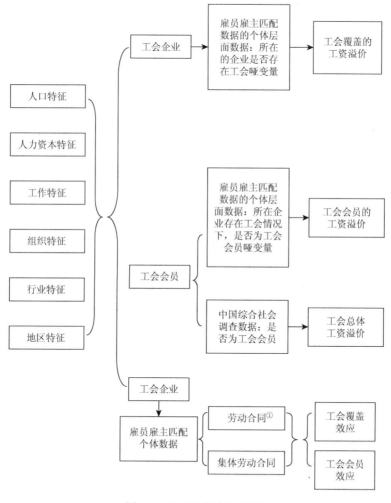

图 1-2　主要研究内容思路图

最后，工会往往有缩小工资不平等、压缩工资分布的作用。我国工会在客观

① 本书所述劳动合同均特指个别劳动合同。

上是否起到了类似的作用，本书结合 RIF 分解的方法对其进行研究，结合我国的实际国情对若干重要的结论予以解释。综上所述，本书的主要研究思路可以用技术路线图 1-3 表示。

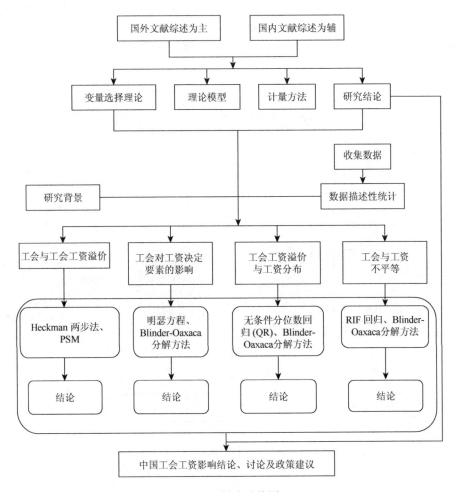

图 1-3　技术路线图

第二章　工会工资研究中的重要问题、方法与观点

第一节　工会工资溢价估计中存在的问题

一、工会工资溢价的测量问题

工会工资溢价是一种反事实情况下的测量，调查得到的工资数据要么是工会会员的工资，要么是非工会会员的工资，反事实情况下的工资是不存在的。因此在研究中一般采用工会工资差距来估计工会工资溢价。在估计工会工资溢价的问题时候主要存在着两种偏差：威胁效应和溢出效应。

大量的研究从行业工会密度和非工会会员的工资水平之间存在着正相关的关系以及在特定的工会密度的条件下工会会员的工资不低于非工会会员的工资角度论证了威胁效应的存在（Rosen，1969；Freeman，1980；Lewis，1963；Neumark and Wachter，1995；Corneo and Lucifora，1997）。另外，Allen（1986）发现建筑行业工会会员比非工会会员的生产率要高，而其生产率溢价并没有通过工会的工资溢价得到补偿，这也说明工会威胁效应的存在。Hirsch 和 Connolly（1987）发现高密度工会行业中工会会员和非工会会员的工资差异最低，这种结果也表明了高密度工会行业中工会威胁效应的存在。Belfield 和 Heywood（2010）的一项类似研究采用行业工会密度和工作场所的工会化概率研究了英国的劳动力市场，实证结果表明在高密度工会行业中的非工会企业的工资较高，但工会的威胁效应并没有在非工会企业中起到压缩工资分布的作用。

这些研究都存在以下三个问题：①基于行业数据进行分析需要假设工会会员和非工会会员的行业收入分布；②假设所有公司之间和行业中工会的威胁效应都一样；③没有处理工会威胁的潜在内生性问题，因为工会密度和一些能够影响到工资水平的不可观察变量之间存在着相关性。因此，后来的一些研究选择了工会威胁的其他识别策略。

采用个体数据在某种程度上可以克服上述问题，Leicht（1989）采用个体数据，通过行业、工厂、职业、工作以及个人特征等变量进行控制，最终研究结果表明工会的威胁效应是存在的。Farber（2005）采用 probit 模型和非工会工资方程估计工会的威胁效应。他将 probit 模型预测的工会会员的概率值作为非工会会员工资决定的一个变量，根据非工会会员的工资方程预测的工会会员概率值系数即表示工会威胁的边际效应。最终结论表明非工会会员的工资与入会倾向概率值关系不大。

Dinardo 和 Lee（2004）把威胁效应放在工会的选举过程中进行解释，并对该过程进行间断点回归（RD），结论是工会威胁效应不大。

工会产生的溢出效应很难测量，因为从工会企业中被排挤出来的劳动者进入到非工会企业后变得很分散，无法对其进行测量。如果工会的溢出效应影响较大，那么成立工会导致的工会会员工资的提高和威胁效应导致的非工会会员工资的提高可以抵消，最终劳动者的工资差距并没有受到工会的影响。如果工会的威胁效应较为明显，就会低估工会工资溢价；如果溢出效应较为明显，就会高估工会工资溢价。因为工会工资溢价计算公式中 W^a 是无法观察的，所以研究文献均以工会的平均工资差距来估计工会工资溢价。

二、工会工资溢价估计中的内生性问题

Bloch 和 Kuskin（1978）利用工会会员工资决定方程式和非工会会员工资决定方程式，以及最小二乘法来计算工会会员与非工会会员的工资差距。实际上，一个特定个体的工资水平要么是工会会员工资要么是非工会会员工资。工会会员工资等式的误差项和工资均值存在相关性，即在可观察的工会会员工资等式与非工会会员工资等式中的误差项期望值是非零的。即

$$E(\eta_{ui}|\text{union} = 1) \neq 0 \qquad (2\text{-}1)$$

$$E(\eta_{ui}|\text{union} = 0) \neq 0 \qquad (2\text{-}2)$$

如果仅采用工会会员工资等式和非工会会员工资等式进行最小二乘法估计，就会出现内生性问题，而这通常与样本选择性偏差问题相关。

Ashenfelter 和 Johnson（1972）构建工会模型时将工会视为一个内生变量，认为不但工会会影响到工资，工资水平也会影响到工会化程度，因为假如工会是一个正常性的商品，劳动者对工会服务的需求就是提高收入。Ashenfelter 和 Johnson 利用不同制造行业的数据估计的结果是工会化程度和工资水平正相关，然而工会会员和非工会会员的工资差异并不显著。Schmidt 和 Strauss（1978）采用混合 logit 模型对该问题进行了讨论，结果表明收入对入会概率的系数为 0.000064，工会对收入的影响系数为 0.48。这进一步支持了 Ashenfelter 和 Johnson（1972）的观点：高收入更容易使劳动者加入工会，而不是工会可以带来较高的收入。对此，Schmidt 和 Strauss（1978）认为工会对收入的影响不显著可能是因为在收入等式中包含了地区哑变量。如果工会程度和地区哑变量存在着较高的相关性，那么就会产生多重共线性问题。因此，检查是否存在共线性问题的一个方法是在等式模型中去掉地区哑变量。虽然混合 logit 方法提高了收入等式中其他的一些变量的显著性水平，但对工会变量没有太大的影响。

Checchi 等（2010）也证明了收入对入会概率存在显著的影响。他们采用 probit 模型，通过性别、年龄、学历等变量对劳动者加入工会的概率进行了分析。在预测入会概率时特别考虑了不同收入水平群体的入会倾向。按照收入水平划分为高收入群体、中等收入群体、低收入群体，分别比较不同国家三个群体的入会倾向，结果表明工会最吸引中等收入群体的劳动者，距离中等收入群体劳动者工资差别越大，入会概率越小。

在解决以上样本选择性偏差问题时，主要采用的解决办法有：①联立方程法；②工具变量法；③面板数据法；④PSM 法；⑤横截面数据比较法。

1. 联立方程法

Lee（1978）、Duncan 和 Leigh（1980）、Robinson 和 Tomes（1984）采用联立方程法解决选择性偏差造成的工会会员身份的内生性问题。在其联立方程中，首先为是否加入工会的选择性方程，在该方程中包含了个人特征、行业以及工会工资差距和非工会工资差距等变量。其次为工会工资决定方程和非工会工资决定方程。

Lee（1978）为使工资等式中误差项的期望值为零，引入了逆米尔斯比率。第一阶段通过选择方程估计，计算出逆米尔斯比率，分别放进工资方程中对样本选择性偏差进行调整。

Duncan 和 Leigh（1980）在 Lee（1978）的基础上进一步对工会工资溢价估计进行了修正。他们不但在工会会员工资方程和非工会会员工资方程引入逆米尔斯比率消除选择性偏差问题，还在工会会员工资决定方程和非工会会员工资决定方程的估计中采用 GLS 估计方法消除异方差问题。

2. 工具变量法

姚洋和钟宁桦（2008）根据国际金融公司和北京大学中国经济研究中心的企业调查数据采用 SUR 估计方法研究中国工会对劳动者福利的影响。为克服其中的内生性问题，选择了工会普遍性①和工会密度作为工具变量。杨继东和杨其静（2013）采用同样数据研究了工会、政治关联与工资决定的关系，为纠正内生性的问题，参考了姚洋和钟宁桦（2008）所选择的工具变量"工会普遍性"。

3. 面板数据法

Freeman（1984）在研究工会工资溢价时采用了面板数据的方法。他主要比较同一个劳动者在两个不同时点上的工资率，即比较同一个人以工会会员身份工作时的工资和以非工会会员身份工作时的工资。采用这种方法可以克服由个体属性

---

① 该变量采用企业工会内部协商的普遍程度来表示，回答分别为很普遍、一般、不普遍。

不同造成的样本选择性偏差。Lemieux（1993，1998）、Hildreth（2000）、Card（1996）、Bryson（2004）也采用面板数据，以在工会企业和非工会企业之间进行跳槽的劳动者为研究对象估计工会工资溢价。

4. PSM 法

为了克服选择性偏差造成的统计问题，PSM 估计方法也应用在工会工资溢价研究中（Rosenbaum and Rubin，1983；Heckman et al.，1999；Bryson，2004），将工会会员和与之相匹配的非工会会员进行工资对比。相对于 OLS 估计，PSM 法有三个明显的特点：①PSM 法是一种半参数模型，因此不需要假设线性的工资等式。②PSM 法允许考察单个个体的随机效应，不受各种处理效应的约束。子群体的随机效应可以采用子群体 PSM 法进行估计。这点对于估计工会的工资溢价尤其重要，因为不同类型劳动者中的工会会员的工资是不一样的（Blanchflower and Bryson，2004）。③PSM 法强调共同支持问题，因此涉及推导共同支持之外的结论时就成了其缺点。Heckman 等（1998）强调了三种偏差的存在：实验组和控制组中个体属性 X 向量差异导致的偏差；在共同支持中个体属性 X 向量差异在实验组和控制组中分布的差异导致的偏差；由于不可观察的选择变量造成的偏差。前两种偏差通过 PSM 法都可以得到有效的解决，第三种偏差一般通过条件独立假设来消除。

5. 横截面数据比较法

采用横截面数据进行比较时无法选择具有完全相同属性且同一时间既从事工会工作又从事非工会工作的个体。在采用横截面数据进行研究时 PSM 法是较好地解决个体差异性问题的方法，然而可获得的数据有限，虽然初始样本比较多，经过配对比较后具有共同支持的数据较少，给后面的工会工资溢价估计造成有效样本不足的问题。有些学者选择性地使用样本并采取比较的方法来解决这个问题。Krashinsky（2004）考察了一个在工会企业从事工作，另一个在非工会企业从事工作的一对双胞胎的工资率来研究工会的工资溢价问题。Lemieux（1998）比较了同一个人从事工会工作和非工会工作的情况，通过比较其工会工作和非工会工作的工资率来研究工会的工资溢价。

第二节　工会工资溢价估计中的理论视角

一、基于劳动力市场分割理论选择的变量

研究工会工资溢价的大多数文献假设劳动力市场是同质性的，但是现实生活

中劳动力市场是分割的,人力资本收益等存在差异。现实的劳动力市场不但包含职业隔离,还包含行业的市场分割等。Fichtenbaum（2006）在计量分割市场中的工会工资溢价时除了运用标准的人力资本变量、人口统计特征变量、工会变量外,还考虑了是否兼职、是否为私营企业、企业规模、地区哑变量、行业哑变量等。

在估计工会工资溢价时很多学者的样本选择仅仅局限于全日制劳动者。然而,次要劳动力市场的一个主要特征就是非全日制工作或兼职工作。缺少了兼职劳动者的样本在估计中会产生结果性偏差。因此,工资等式包含兼职劳动者和全日制劳动者的哑变量是非常必要的。

另外,劳动力市场分割的一个主要特征是在次级劳动力市场上教育的投资回报率较低。在次级劳动力市场上的教育投资回报率低于主要劳动力市场上的教育投资回报率。同样,工作经验在次级劳动力市场上的回报率低于在主要劳动力市场上的回报率（Dickens and Lang 1985；Fichtenbaum et al.，1994）。

因为工资会随着公司规模的扩大而提高,工资等式也经常包含公司规模变量。Miller 等（2010）认为遗漏公司规模变量会导致工会工资溢价估计偏差,因为在主要劳动力市场上,随着公司规模的扩大,监督难度越来越大,所以大规模的公司会支付较高的工资以减少监督成本。而在次要的劳动力市场上,随着公司规模的增大监督成本不会提高得那么快,因此无须随着公司规模的增大支付较高的工资（Rebitzer and Robinson，1991）。另外,行业变量用来控制行业工资的差异,使其与工会工资溢价区分开（Fichtenbaum，2006）。

二、基于补偿性工资理论选择的变量

Hood 和 Rees（1974）认为劳动者偏爱在小企业里工作,因为在大企业里工作,由于其工作属性等原因获得一个负效用,必须获得工资的补偿,在工资相同的情况下会偏向于在小企业工作。Masters（1969）也认为较大的公司机构比较僵化,对劳动者之间的相互合作与依赖比较高,促使劳动者索要一个额外的工资补偿。

另外,Blanchflower（1984）采用劳动者是否为全日制、是否对其他劳动者的工作负有责任、是否涉及危险性的工作等作为当前劳动者的工作特征,从而消除工作特征带来的工资的差别。

按照结果付酬的方案也会产生一个工资溢价,因为在这种激励制度下的劳动者要比按照时间付酬的劳动者承担更多的风险,即企业所有者将一部分经营风险转嫁给劳动者,而劳动者一般是风险规避者,所以要劳动者承担这种风险,在同等条件下需要给予劳动者额外的工资补偿（Daniel and Millward，1983）。

Nickell（1973）在研究工会对工资的影响时,将大都市中的劳动者比例作为一个重要的变量进行考虑。他认为生活在大都市中的劳动者具有较高的生活成本和包括时间、金钱以及舒适度等方面的交通成本，这些因素都会影响到工资。

三、基于人力资本理论选择的变量

Blanchflower（1984）在工资等式中利用经验、年龄、资格证书、培训等人力资本变量控制劳动者的质量；Lester（1967）把企业规模作为人力资本的代理变量，因为企业规模与吸引和保留较高质量的劳动者有关，他认为企业规模和工资水平之间由于遗漏了一些劳动力质量的变量而存在显著的正相关关系，可以采用企业规模纠正人力资本变量的遗漏造成的估计偏差。

劳动力的技术结构也是决定劳动者工资的一个重要因素。技术劳动力的比例越高，表明劳动力质量水平越高，受过正规培训的劳动者的比例系数期望值应该是正数。体力劳动力比例越高，表明公司对体力劳动者需求越大，这会增强公司的谈判力量；相反，体力劳动者比例越小，对体力劳动者越有利，所以该变量的系数是不确定的。

如果没有关于劳动力培训的数据，Nickell（1973）认为可以采用年龄段变量来间接地代替劳动力培训变量。年龄段变量提供了关于女性培训数量的信息。如果女性缺乏培训，那么生产率和年龄不存在相关关系，工资也不会随着年龄上涨，甚至会下降。

第三节　工会工资溢价计量的一般模型

一、工会工资溢价水平计量模型

1. 单一等式的工会工资溢价计量

（1）基于行业数据的估计模型

早期的数据库多为劳动者的平均工资等总体数据，很少涉及工会会员的个体工资数据。在个体数据缺失的情况下，一些学者采用行业数据或总体数据来估计工会工资溢价，Lewis（1963）最早运用总体数据进行研究。

$$\ln W_j = U_j \overline{\ln W_{uj}} + (1 - U_j)\overline{\ln W_{nj}} = U_j(\overline{\ln W_{uj}} - \overline{\ln W_{nj}}) + \overline{\ln w_{nj}} \qquad (2\text{-}3)$$

其中，U_j 为行业 j 中的工会密度（即工会会员的比例）；W_j 为行业 j 的加权平均工资；$\overline{\ln W_{uj}}$ 为工会会员的加权平均工资；$\overline{\ln W_{nj}}$ 为非工会会员的加权平均工资。

从工会会员和非工会会员工资差距的表达式（式（1-2））中可以得到式（2-4）：

$$\ln(1+d_j) = \overline{\ln W_{uj} - \ln W_{nj}} \tag{2-4}$$

根据式（2-3）和式（2-4）得到

$$\ln W_j = U_j \ln(1+d_j) + \ln W_{nj} \tag{2-5}$$

Blanchflower（1984）考虑工会的威胁效应，并假设工会的威胁效应对不同的行业来说是一个常数，即

$$R_i \equiv \frac{W_n - W^a}{W^a} \tag{2-6}$$

可以得到

$$\begin{aligned} \ln W_j &= U_j \ln(1+d_j) + \ln W_{nj} \\ &= U_j \ln(1+d_j) + \ln(1+R_j) + \ln W^a \end{aligned}$$

由于 W^a 不可以直接观察，可以采用决定行业 j 工资的主要变量 X 来替代。

$$\ln W_j = U_j \ln(1+d_j) + \ln(1+R_j) + f(X) \tag{2-7}$$

（2）基于个体数据的估计模型

Metcalf（1977）以工会集体数据计量模型为基础推导出了基于工会个体数据的计量模型。该模型解决了工会行业数据估计中存在的两个重要问题：第一，控制个体特征变量在一定程度上减少选择性偏差造成的估计偏误；第二，在个体数据估计中控制随机影响效应时与 Blanchflower（1984）不同的是他允许不同行业有不同的溢出效应和工会效应，并且通过工具变量控制了溢出效应和威胁效应造成的工会工资溢价的低估或高估。

$$\ln W_{ij} = D_{ij} \ln(1+d_{ij}) + N_{ij} + \ln W^a \tag{2-8}$$

其中，$\ln W_{ij}$ 为行业 j 中劳动者 i 的工资；D_{ij} 为行业 j 中劳动者 i 工会会员的 0-1 变量；N_{ij} 为工会的威胁效应和溢出效应发生作用的综合性变量。对于劳动者的个体数据，可以用劳动者的属性特征 X 来代替 $\ln W^a$；$\ln(1+d_{ij})$ 和劳动者 i 所在行业的工会密度存在着依赖关系，$\ln(1+d_{ij}) = \alpha_0 + \alpha_1 U_j$，$N_{ij}$ 中溢出效应和威胁效应都与行业工会密度有关，因此 $N_{ij} = \beta_0 + \beta_1 U_j$，结合以上假设，基于工会个体数据的工资等式可以表达为

$$\ln W_{ij} = f(X_{ij}) + \alpha_0 D_{ij} + \alpha_1 D_{ij} U_j + \beta_0 + \beta_1 U_j \tag{2-9}$$

2. 两个等式联立的工会工资溢价估计

在个体数据中如果有是否为工会会员、收入两个变量，就可以采用个体数据进行工会工资溢价估计，同时，可以克服采用总体数据进行估计时存在的弊端，因而也被广泛地应用（Bloch and Kuskin，1978；Duncan and Leigh，1980，1985）。

假设工会企业和非工会企业的工资由式（2-10）和式（2-11）来决定：

$$\ln W_u = X_u \beta_u + \mu_u \qquad (2\text{-}10)$$

$$\ln W_n = X_n \beta_n + \mu_n \qquad (2\text{-}11)$$

其中，X 为一个外生的解释向量；β_u、β_n 为估计的系数向量；μ_u、μ_n 为误差向量。

$$\ln(1+d) = \ln W_u - \ln W_n \qquad (2\text{-}12)$$

由式（2-10）～式（2-12）可以得到

$$\beta = \ln W_u - \ln W_n = X(\beta_u - \beta_n) + e \qquad (2\text{-}13)$$

其中，$e = \mu_u - \mu_n$，为误差项。

这种估计方法由于没有考虑工会地位的内生性问题而会相应地产生估计偏差。同时，它既不能估计不可观察变量对劳动者是否加入工会的影响，也不能解决不可观察变量对工资率的影响，估计出的工会工资溢价值有一定的偏差。

3. 工会工资溢价的固定效应面板数据估计

Lemieux（1993，1998）和 Card（1996）对在工会企业和非工会企业之间进行跳槽的劳动者进行了研究，并且对这些劳动者可观察的生产率特征进行控制，研究工会对于工资结构的影响。他们假设被调查对象在生产率特征方面具有固定效应，即使这些特征在个体之间存在巨大的差异；这些特征不随时间而变化；这种固定效应的影响可以通过两个时点的个人真实收入差分消除掉。

$$\ln w_{i2} - \ln w_{i1} = X_i (\gamma_2 - \gamma_1) + d^{11} D_i^{11} + d^{10} D_i^{10} + d^{01} D_i^{01} + (\phi_{i2} - \phi_{i1}) + (e_{i2} - e_{i1}) \quad (2\text{-}14)$$

其中，i 代表劳动者。在两个时期劳动者 i 的工资增长模型有四种可能性：在两个时期都是工会会员；在两个时期都不是工会会员；在第一个时期是工会会员，在第二个时期不是工会会员；在第一个时期不是工会会员，在第二个时期是工会会员。所以 D_i^{11} 代表劳动者 i 在两个时期都是工会会员；D_i^{00} 代表劳动者 i 在两个时期都不是工会会员；D_i^{10} 代表劳动者 i 后来退出了工会；D_i^{01} 代表劳动者 i 后来加入了工会。假设每个时期的误差项为 $\mu_{it} = \phi_i + e_{it}$，$\phi_i$ 代表劳动者 i 的固定效应，并假设只有 ϕ_i 与 D_i 相关，e_i 是随机的。式（2-14）可以采用最小二乘法进行估计。

这种固定效应模型显然需要面板数据或者时间序列数据，同时要保证同一个个体在两个不同时间点的数据库中都存在。在采用 OLS 进行估计时，则会产生内生性问题，尤其是劳动者加入工会的行为是非随机的过程。劳动者工资受到工会的影响，劳动者是否加入工会也受到工会企业与非工会企业工资差距的影响。

4. 工会工资溢价的联立方程估计

如果劳动者加入工会是因为工会具有较高的工资溢价，那么在测量劳动者是否加入工会的等式中必须加入工会的工资差距，即工会企业劳动者和非工会企业劳动者之间的工资差距变量。所以劳动者入会倾向的选择方程必须和工资方程式进行联立。根据 Lee（1978）、Duncan 和 Leigh（1980）、Robinson 和 Tomes（1984）所采用的模型，有以下三个方程：

$$q_i = X_i \pi + \varepsilon_i \qquad (2\text{-}15)$$

$$\ln W_{ui} = X_{ui} \beta_i + \eta_{ui}$$

$$\ln W_{ni} = X_{ni} \beta_i + \eta_{ni}$$

式（2-15）表示入会倾向的选择性方程。式（2-15）中包含个人特征、工作行业以及工会和非工会工资差距等变量。

Duncan 和 Leigh（1985）为了减少上述联立方程在进行 OLS 估计时候的工资方程的线性假设，在上述联立方程的基础上进行简单的变换，采用工具变量的方法进行估计。

如果工会会员哑变量 $UN_i = 1$，意味着第 i 个劳动者是工会会员，他的工资 W_i 是 W_{ui}，如果 $UN_i = 0$，意味着第 i 个劳动者是非工会会员，他的工资 W_i 是 W_{ni}。那么工资对数可以表示为

$$\ln W_i = UN_i \ln W_{ui} + (1 - UN_i) \ln W_{ni} \qquad (2\text{-}16)$$

把工会会员和非工会会员的工资方程：

$$\ln W_u = X_u \beta_u + \mu_{ui}$$

$$\ln W_n = X_n \beta_n + \mu_{ni}$$

代入式（2-16）得

$$\ln W_i = (UN_i X_{ui}) \beta_u + [(1 - UN_i) X_{ni}] \beta_n + [UN_i \eta_{ui} + (1 - UN_i) \eta_{ni}] \qquad (2\text{-}17)$$

可以缩写为

$$\ln W_i = Z_{ui} \beta_u + Z_{ni} \beta_n + v_i$$

其中

$$Z_{ui} = UN_i X_{ui}, \quad Z_{ni} = (1 - UN_i) X_{ni}, \quad v_i = UN_i \eta_{ui} + (1 - UN_i) \eta_{ni}$$

下面采用是否加入工会的 probit 模型对劳动者加入工会的概率进行估计。

$$U_i = \pi X_i + \lambda Z_i + \varepsilon_i$$

假设 $P_i = \Pr(UN_i = 1)$，则解释变量 $EZ_{ui} = P_i X_{ui}$，$EZ_{ni} = (1 - P_i) X_{ni}$，

利用 $\hat{P}_i X_{ui}$ 和 $(1 - \hat{P}_i) X_{ui}$ 来估计等式 $\ln W_i = (UN_i X_{ui}) \beta_u + [(1 - UN_i) X_{ni}] \beta_n + [UN_i \eta_{ui} + (1 - UN_i) \eta_{ni}]$ 中的 $\hat{\beta}_u$、$\hat{\beta}_n$，进而采用工资差距的计算方法计算出工会的工资溢价。

Heckman（1976，1979）仍然采用联立方程对工资溢价进行估计，为了纠正

选择性偏差问题，利用式（2-15）估计出入会倾向值，进而计算出逆米尔斯比率。第二步将逆米尔斯比率代入式（2-10）、式（2-11），得到下面的方程式：

$$\ln W_{ui} = X_{ui}\beta_u + \sigma_{\varepsilon u}\frac{-f(X_i\hat{\pi})}{F(X_i\hat{\pi})} + \delta_{ui} \qquad (2\text{-}18)$$

$$\ln W_{ni} = X_{ni}\beta_n + \sigma_{\varepsilon n}\frac{f(X_i\hat{\pi})}{1-F(X_i\hat{\pi})} + \delta_{ni} \qquad (2\text{-}19)$$

其中，$f(\cdot)$ 和 $F(\cdot)$ 分别代表标准正态密度函数和分布函数。选择性偏差项涉及 $f(\cdot)$ 和 $F(\cdot)$ 的比值，这个比值即称为逆米尔斯比率，估计值 $\hat{\pi}$ 是第一阶段采用主要包含个人特征变量、行业变量的 probit 估计得到的。引入逆米尔斯比率后的工资等式中误差项 δ_{ui}、δ_{ni} 期望值为零。通过第一阶段估计出的逆米尔斯比率继续对工会和非工会的工资等式采用 OLS 估计，这就是 Heckman 的样本选择模型的估计。然而，这仍然没有解决异方差问题，为了解决异方差问题，则采用广义的最小二乘法。在第二阶段估计后，采用工会和非工会工资等式的预测值得到 $\ln\hat{W}_{ui} - \ln\hat{W}_{ni}$，将该数据代入工会会员身份预测的等式中，即可以估计出关于是否愿意加入工会的各项变量的系数。

5. 分位数回归估计

诸多学者的研究表明，工会对不同收入群体中劳动者的工资影响是不一样的：工会在较低收入群体中的工资溢价较高，而在较高群体中的工资溢价较小，很多学者在研究该问题时采用了分位数回归估计的方法（Schultz and Mwabu，1998；Hildreth，2000；O'Leary et al，2004；Eren，2007）。即第 i 个个体的工资对数的第 θ 条件分位数可以表达为

$$\ln(w_i) = \alpha(\theta) + X_i\beta(\theta) + u_i\gamma(\theta) + \varepsilon_{\theta i}, \quad \text{Quant}_\theta(\varepsilon_{\theta i}|X_i) = 0 \qquad (2\text{-}20)$$

其中，u_i 表示是否是工会会员；X_i 包含人口统计变量、人力资本变量等。现在统计技术比较发达，在 STATA、SAS、EVIEWS 等统计软件中都包含了分位数回归命令。但是通过这种方式估计出来的结果具有一定的偏差，因为它仍然没有考虑是否加入工会这个变量的内生性问题。在 Schultz 和 Mwabu（1998）、Hildreth（2000）、O'Leary 等（2004）的研究中没有考虑到这个问题，而 Eren（2007）在研究工会在不同收入行业中对工资影响程度的研究中采用了工具变量的方法来弥补以前研究的不足。Manquilef-Bächler 等在纠正选择性偏差问题时采用两步法。第一步采用 probit 模型计算出逆米尔斯比率，将逆米尔斯比率以及逆米尔斯比率的平方项代入工资等式中进行估计。

二、工会与工资不平等的计量模型

Freeman（1980）认为工会企业工资和非工会企业工资分布的差异主要来自于两个方面：①工会会员和非工会会员的个人特征的差异导致工资分布存在差异；②在决定工资的个人特征值相同的情况下，工会采用一定的工资政策来提高或者降低工资。该分解可以根据 Blinder（1973）和 Oaxaca（1973）的分解标准来进行：第一种差异可以用下面的式子来表示：

$$\sum (\hat{b}_i)^2 [\sigma^2(X_i^u) - \sigma^2(X_i^n)]$$
$$+ \sum_i \sum_j \hat{b}_i \hat{b}_j [\sigma^2(X_i^u X_j^u) - \sigma^2(X_i^n X_j^n)] \qquad (2\text{-}21)$$

其中，$\sigma^2(X_i^u)$ 表示工会会员第 i 个特征向量的方差；$\sigma^2(X_i^u X_i^u)$ 表示工会会员第 i 个和第 j 个特征向量的协方差；$\sigma^2(X_i^n)$ 和 $\sigma^2(X_i^n X_i^n)$ 表示非工会会员的相关变量；b 可以从工会会员工资方程中估计出来，也可以从非工会会员工资方程中估计出来。

工会的第二种作用可以用式（2-22）来表达：

$$\sum [(\hat{b}_i^u - \hat{b}_i^n)\sigma^2(X_i)$$
$$+ \sum_i \sum_j (\hat{b}_i^n \hat{b}_j^n - \hat{b}_i^u \hat{b}_j^u)\sigma(X_i X_j) \qquad (2\text{-}22)$$

其中，$\sigma^2(X_i)$、$\sigma(X_i X_j)$ 表示在工会企业或非工会企业中第 i 个特征的方差和第 i 个特征与第 j 个特征协方差。

另外，Freeman（1982）认为工会对于工资分布的影响主要包括相互矛盾的两个方面：一方面，提高工会会员相对于非工会会员的工资水平，工会起到了提高工资差距、加剧工资分散的作用；另一方面，提高相对低收入行业劳动者的工资水平，减少了与高工资水平行业的工资差距，工会的这种作用也起到了缩小工资差距的作用。所以，工会对于工资水平分散的程度的作用具有两面性。为了分解这两种作用，Freeman（1982）将样本分解为蓝领和白领两组，因为蓝领收入水平较低，白领收入水平较高。采用所有样本的工资对数的标准差来对工会的这两种作用进行分解，分解公式如下：

$$\sigma^2 = \alpha_{BU}(\sigma_{BU}^2) + \alpha_{BN}(\sigma_{BN}^2) + \alpha_W(\sigma_W^2) + \alpha_{BU}\alpha_{BN}(\ln u / n)^2$$
$$+ \alpha_{BU}\alpha_W (\ln u / w)^2 + \alpha_W \alpha_{BN}(\ln w / n)^2 \qquad (2\text{-}23)$$

其中，σ^2 表示工资对数的方差；α_{BU} 表示样本中蓝领工会会员的比例；α_{BN} 表示样本中蓝领非工会会员的比例；α_W 表示样本中白领劳动者的比例；σ_{BU}^2 表示蓝领工会会员工资对数的方差；σ_{BN}^2 表示蓝领非工会会员工资对数的方差；σ_W^2 表示白领劳动者工资对数的方差；u/n 表示蓝领中工会会员和非工会会员工资比率；u/w 表示蓝领工会会员工资与白领劳动者工资比率；w/n 表示白领劳动者工资与蓝领非工会会员工资的比率。

为了了解工会对于工资方差影响，对方差等式两边求关于工会变量的偏导数，可以得到下面的等式：

$$\Delta\sigma^2 = \alpha_{BU}\Delta(\hat{\sigma}_{BU}^2) + \alpha_{BU}\alpha_{BN}\Delta(\ln u/n)^2 + \alpha_{BU}\alpha_W\Delta(\ln u/w)^2 \qquad (2\text{-}24)$$

其中，假设工会对于白领劳动者工资分散性（$\Delta\sigma_{fw}^2$）的影响，以及白领劳动者和蓝领非工会会员之间工资（$\Delta\ln w/n$）影响为零。等式右边的第一项代表蓝领工会会员工资分散性总体差异；第二项代表蓝领工会会员和蓝领非工会会员之间的工资分布差异。第三项代表蓝领工会会员和白领劳动者之间的工资分布差异。

第四节　工会对工资影响的观点概括

一、工会工资溢价方面的观点

在研究工资溢价问题时，一部分学者从历史趋势角度研究工会工资溢价以及工资溢价变动情况，无论采用哪种研究方法，多数得出了工会存在工资溢价的结论，但只不过工会的工资溢价在逐年下降。

Robinson（1989）分别使用最小二乘法估计、工具变量法估计以及逆米尔斯比率估计方法，对加拿大工会工资溢价进行了研究。通过使用 1979 年和 1984 年的加拿大生活质量调查（Canada quality of life survey）数据，基于 1979 年数据，依次采用这三种方法估计出来的工资溢价分别为 23.2%、39.0%、41.8%。基于 1984 年的数据，估计的工会工资溢价依次是 21.2%、34.2%、36.5%。所以无论采用哪种估计方法都取得了一致的工会工资溢价下降的结论。

Hirsch 和 Schumacher（2004）通过明瑟方程进行 OLS 回归，通过对美国 1983～2001 年的 the monthly CPS-ORG earnings files 数据的研究发现，工会的工资溢价在不断地下降：1983～1993 年，美国的工会工资溢价从 25.5%下降到 23.5%。

Blanchflower 和 Bryson（2003）利用美国 1996～2001 年的 CPS-MORG（matched outgoing rotation groupfiles of the current population survey，当前人口调查的匹配外出轮换组数据）和英国 1993～2000 年 Labour Force Surveys 数据进行了研究。美国 1996 年的工会工资溢价是 18.2%，2001 年的工会工资溢价是 11.3%，下降了近 7 个百分点。英国 1993 年的工会工资溢价是 14.2%，2000 年的工会工资溢价下降到 6.3%。

　　为了研究工会在不同收入群体中的工资溢价以及历史变动情况，有些学者采用分位数回归（quantile reqression，QR）的方法探讨工会的工资溢价问题。其中，Hildreth（2000）通过使用分位数回归的方法，利用 1991 年和 1995 年的 BHPS（British household panel survey）数据，发现男性工会工资溢价在最低收入分位水平上从 23%下降到 17%，在最高的收入分位水平上却从 11%上升到 12%；女性工会工资溢价在最低收入分位水平上从 18%下降到 11%，而在最高的收入分位水平上的工会工资溢价始终都是零。O'Leary 等（2004）采用 1993～1995 年的 LFS 数据，通过分位数回归发现工会在最低分位上的工资溢价最大。虽然有很多学者采用了分位数回归的方法，但是他们都没有解决内生性的问题。Eren（2007）利用美国人口调查（current population survey，CPS）数据，在没有考虑内生性的情况下，采用分位数回归结果也表明工会对于处于工资分布底部的那部分人群的影响比较大，但是当他控制了内生性问题后发现在工会的工资溢价在任何收入分位水平上都不显著。

　　还有一些学者认为工会在不同的职业或行业中对工资产生的影响不同，所以，应该根据行业、部门、性别等属性的划分来具体研究工会的工资溢价。例如，Blanchflower（1984）采用的数据库是 1980 年工作场所产业关系调查，基于 3309 个工作单位，采用明瑟方程进行 OLS 统计之后发现，英国工会大大提高了半技术劳动者的工资水平，在某种程度上降低了技术劳动者的工资水平；更进一步发现，非制造行业中的工会对于工资的影响要比制造行业大。该研究结论说明两点：①技术劳动者的工资溢价出现反常态现象；根据 Hicks-Marshall 派生需求定理，非技术劳动者相对于技术劳动者来说应该具有较高的工资弹性，所以技术劳动者应该具有较高的工会工资溢价。Ashenfelter（1972）也发现过类似的结论：工会减少了技术劳动者的工资差距，所以 Blanchflower（1984）进一步证实了 Ashenfelter（1972）的观点。他认为这是由于工会"压缩"型的工资政策造成的，在同一个工会覆盖下的技术劳动者和非技术劳动者的工资尤其如此。②制造行业的工会工资溢价低于非制造行业；之前 Layard 等（1978）发现制造业工会的相对工资要明显低于整个经济系统中工会的相对工资，Thomson 等也证明了这一点。

　　Blanchflower 将研究样本划分为公共部门和私营部门两类来分别研究工会的工资溢价。他采用美国 1983 年和 1993 年的 CPS-ORG（CPS outgoing rotation group file，当前人口调查的外出轮换组数据）数据、英国 1983 年的 GHS（general household survey）数据和 1993～1994 年的 Labour Force Surveys、1991～1993 年的 BHPS 数据。通过明瑟方程进行 OLS 回归发现 1983 年美国私营部门的工会平均工资溢价较高（16.9%），在公共部门的工会工资溢价是 8.8%，男性和女性的工资差距是 15%。而在英国，工会的平均工资溢价大约是 11.2%。工会对于女性的工资溢价为 12.5%，男性的工资溢价是 8.6%。1993 年，美国工会平均工资溢价仍然保持在 15.5%左右，工会对于性别工资的影响差别也没有发生变化。然而公共部门的工资溢价达到 18.8%。在英国，1993 年和 1994 年的数据显示，女性的工会工资溢价达到 12.5%，而男性的工资溢价仅仅只有 6.0%。

Bratsberg 和 Ragan（2002）基于行业的角度来研究工会的工资溢价的变化情况。他们采用 1971~1999 年数据共考察了 32 个行业。其中，建筑、煤矿、食品、印刷等行业的工资溢价出现了显著性的下降；而在化学、皮革、制造、铁路，交通等行业出现了显著性的上升。

在以前的研究中，包括了大量的英国、美国等发达国家的工会工资溢价研究成果，也得出了比较一致的结论：无论这种工会的工资溢价是否在下降，以及是否消失，都在一定程度上反映了工会工资溢价的客观存在；然而在发展中国家，工会是否也存在着工会的工资溢价呢？由于对发展中国家工会工资溢价的研究相对较少，Schultz 和 Mwabu（1998）关于发展中国家工会工资溢价的研究成果就格外引人关注。

Schultz 和 Mwabu（1998）采用南非劳动和发展研究中心（Southern Africa Labour&Development Research Unit，SALDRU）收集的数据，从 9000 户家庭中随机抽取 43 974 个个体，利用分位数回归分析了工会对于工资分布的影响。采用 10 分位、50 分位和 90 分位三个分位点范围内的收入对工会地位等变量进行 OLS 回归，计算工会对于低收入、中等收入和高收入三部分人分别形成的工资溢价；在只考虑教育经验变量以及地区变量时，男性劳动者的工资溢价超过 60%。而对于低收入行业形成的工资溢价超过 144.7%，高收入行业只有 11.29%；他们在进一步控制行业变量后，南非男性的平均工资溢价为 21.05%，低收入行业、中等收入行业和高等收入行业的工资溢价分别为 41.20%、20.92%、5.01%。这种结果可能与市场分割形成的工资差距从工资溢价中分离出来形成的结果有关。

随着数据库的不断完善，对工会工资溢价的研究也在不断的进步，也逐渐获得了一些与前期研究成果不一样的研究结论。在这些研究成果中，运用比较多的数据库是英国工作场所雇员关系调查（the workplace employee relations survey，WERS）数据，该项数据同时包含了雇员雇主的信息，所以很多学者综合采用雇主的信息来作为工具变量研究工会的工资溢价（Booth and Bryan，2004；Bryson，2004）。另外还有劳动力调查（labour force survey，LFS）和 1985 年以来的 BSAS（British social attitudes survey，英国社会认知调查）数据库等。

Bryson（2004）在研究私营部门工会工资溢价时分别运用了 OLS 和 PSM 估计方法。他首先利用 1998 年的英国工作场所雇员关系调查数据中员工的个体数据，采用 OLS 估计出来的英国私营部门的工会工资溢价是 15%，男性工会工资溢价为 17.93%，女性的工会工资溢价是 10.30%；结合雇主数据进行 OLS 估计，发现英国私营部门工会的工资溢价为 6.08%，男性工会工资溢价为 6.18%，女性工会工资溢价为 6.29%。在采用 PSM 估计个体数据时，英国私营部门的工会工资溢价为 8.9%，男性工会工资溢价为 11.1%，女性工会工资溢价为 1.3%；采用 PSM 结合雇主估计结果依次为−1.5%、2.1%、−3.3%，但统计结果并不显著。OLS 和 PSM 的估计结果说明在采用个体数据时存在着选择性偏差，由于工会会员都是被一些比较好的工作单位雇佣而出现被高估的现象；另外，采用雇员和雇主数据进行 PSM 的估计结果说明英国私营部门不存在工资溢价。Blanchflower 和 Bryson（2004）采用 1993 年的劳动力调查和 1985 年以来的 BSAS 数据库，发现在私营部门中工会的工资溢价消失，并且在采用 PSM 方法对选择性偏差进行纠正后估计出来的工会工资溢价是个负数，进而他们认为英国 2000 年没有工会的工资溢价。

　　另外，在研究工会工资溢价时，为了突出工会对工资的影响，有些学者也将工会的工资溢价做进一步的细化。例如，Manquilef-Bächler 等对工会的工资溢价进行了三个方面的研究：①工会覆盖的工资溢价（衡量的是有工会场所的非工会会员工资和没有工会场所的非工会会员工资的差异）；②会员的工资溢价（有工会场所的工会会员和非工会会员工资的差异）；③总的工会工资溢价（有工会场所的工会会员和没有工会场所的工会会员工资的差异）。另外，他们采用了三种分位数回归分析的方式：①无条件的分位数回归，来粗略地估计工会的工资溢价；②以决定工资的其他变量为条件的分位数回归，这种方法假设劳动者是否加入工会是外生的；③以决定工资的其他变量为条件，同时允许劳动者是否加入工会的选择是以工会覆盖为条件的，解决内生性问题。他们利用 1991 年、1995 年、1997 年、2001 年以及 2003 年的 BHPS 数据，采用分位数回归。最终统计结果表明：对于私营部门无条件的分位数回归表明总体的工会工资溢价是存在的，具有正向符号，并且显著，但是在不断地下降；此外，也发现工会在低收入行业中具有更高的工资溢价，这点和以前的其他学者的研究结论相一致，当控制了决定工资的其他变量之后统计结果却发生了变化：工会在低收入行业中不再具有较高的工资溢价。在公共部门，总体的工资溢价比私营部门更大，且具有正向符号，统计结果显著，在低收入行业中具有更高的工资溢价。在纠正了选择性偏差之后，公共部门的工会工资溢价下降。无论在私营部门还是在公共部门，纠正内生性问题之后，工会会员的工资溢价不再存在。

　　国内对工会工资溢价的实证研究不多，在仅有的几篇文献中，研究结论也存在方向性的差异，即中国工会是否存在工资溢价还处于争论之中。

　　认为不存在工会工资溢价的学者主要有姚先国等（2009）。姚先国等基于浙江省 2004 年的经济普查数据，利用工会密度以及其他的一些特征变量与平均工资对数进行 OLS 回归，发现企业工会覆盖率增加 1%，平均工资一般也会高 0.112%，所以，他们认为工会对于工资影响并不明显。另外，Lu 等采用中央统战部的 2006 年针对私营企业的一项调查，发现工会对于工资和奖金没有显著性的影响。

杨继东和杨其静（2013）利用国际金融公司和北京大学中国经济研究中心 2006 年春的企业调查数据，采用明瑟对数线性模型进行 OLS 回归，发现工会可以普遍地提高工会会员工资，但是具有政治关联的企业中工会工资效应被显著地削弱了。此研究与姚洋和钟宁桦（2008）的研究一脉相承，通过明瑟线性对数模型，分别进行似不相关（SUR）估计、二阶段最小二乘法（2SLS）估计、三阶段最小二乘法（3SLS）估计，都得出了一致的结论：工会显著地提高了劳动者的工资水平，同时明显地提高了劳动者的福利。

对比国内外研究，目前中国关于工会工资溢价的研究在方法上和使用的数据上都还处于西方研究的早期阶段，截止到目前，还没有学者采用个体数据来研究工会的工资溢价问题。从研究结论看，中国工会工资溢价是否存在尚存在争议。

二、工会与工资不平等方面的观点

在年代较靠前的一些研究文献中，很多学者认为工会会提高劳动收入的不公平性。例如，Friedman 采用 Marshall 派生需求定理，认为职业工会比行业工会更有能力提高其会员的工资水平。另外，他认为工会会扩大劳动者的收入不公平性的逻辑是"溢出效应"，即工会为了提高工会会员的工资，必须限制劳动力的供给，从而使很多没有优势的劳动者被排挤出去，进入拥挤的劳动力市场，从而使其工资水平更低。Ree 认为无论从理论方面还是从实证方面，工会对于高技能劳动者都有较大的影响，工会对于工资的总体影响是倾向于提高劳动者的收入不平等性。

并不是所有的学者都接受这种观点，Reynold 和 Taft 认为，总看形形色色的集体谈判，我们可以认为工会不管在任何工资水平上，都没有恶化工资结构，可以说工会的净效应是有利益的。

上述的观点的证据都是不足的，也具有较大的争议性。这种争议性直到 20 世纪 70 年代大量的宏观数据收集后才得到解决。Stieber 检验了钢铁行业的工会影响，他认为 1947～1959 年的集体谈判并没有导致工资分散化。Ozanne 统计了 McDormick Deering 公司 1958～1968 年的数据。在这个时间段，在这个公司有很多工会成立，但是他发现工会并没有降低或提高内部公司工资的不公平性。然而，行业工会对于工资影响的总体趋势是降低了技术的差异，职业工会提高了劳动者技术的差异。Lewis（1963）检验了工会工资差异的估计量和工资水平之间的相关性。他的结论是行业之间不公平性由于工会的作用而提高了 2～3 个百分点。

在 20 世纪晚期和 21 世纪早期出现了一些相反的实证观点。Stafford、Rosen、Johnson 和 Youmans 等发现工会通过提高低技能劳动者的工资水平而压缩了工资结构，使得工资更加平等；Ashenfelter（1972）认为工会减少白人和黑人之间的工资差距。

Freeman（1980）的一项重要研究使得工会与工资不公平性的研究方法和研究结论出现了重大的转折。Freeman（1980）采用了工会数据来衡量工会对蓝领和白领之间工资水平差距的影响。在 Freeman 的研究中，一项重要的结论是在工会部门内部，工会显著地降低了工资的不平等性，这个结论在制造行业尤其突出，对此他认为之所以产生这种结果是因为工会的工资政策。工会的工资政策是追求公司内部和公司之间的雇员工资一致化。在工会部门内部由于工资不平等性的降低，大大抵消了由工会的作用导致工会部门和非工会部门之间的工资差距的扩大。在非制造行业，Freeman 认为工会对于工资不平等性的影响无论在工会部门内部，还是在工会部门之间的影响都比较小。随后的一些研究也支持了这些结论，即在控制了人口统计变量和技能变量之后，工会部门的工资残差比较小。

Freeman（1984）采用纵向数据，支持了工会部门内部工资不平性较低的结论。另外，他认为当非工会会员从事工会会员的工作之后工资的不公平性会降低，当工会会员从事非工会会员的工作后会提高劳动收入的不公平性。

之后，Freeman 采用 1987~1988 年的 CPS 纵向数据进一步证实了工会降低了工资的不平等程度。根据纵向数据的估计，他认为在 1987~1988 年，男性工资标准差上升部分的 20%可以归结为工会的衰退。Card（1995）也认为 20 世纪 80 年代工资不平等的上升部分的 20%可以由工会密度的下降来解释。Machin（1997）也得出了类似的结论：1980~1990 年英国半技术劳动者中男性劳动者工资的不平等上升部分的 15%是由工会密度的下降引起的。

从 Freeman（1980）开始，基于微观数据的研究改变了关于工会与工资不平等之间关系的观点，但是这些研究并没有完全把二者的关系揭示出来。一方面，他们主要研究男性、私营企业的劳动者。另一方面，他们忽略了工会覆盖范围的变化以及工会在不同类型劳动者之间的工资影响。

因此，逐渐出现了相对全面揭示工会影响的文献。Dinardo 和 Lemieux（1997）在计算加拿大和美国 1981 年与 1988 年男性收入不平等的问题时，采用权重来调整方差。他们指出在 1981 年美国工会使男性劳动者工资的方差降低了 6%，加拿大工会使男性劳动者工资方差降低了 10%。在 1988 年，美国工会使男性劳动者工资方差降低了 3%，加拿大工会使男性劳动者工资方差降低了 13%。因此，他们认为工会的改变在 20 世纪 80 年代导致美国、加拿大收入不平等的提高。

Dinardo 等（1996）的一项相关的研究检验 1979 年和 1988 年美国男性和女性的工资，他们采用权重调整基数，主要解释了 1979~1988 年工资不平等的上升。对于男性，他们的研究结果表明工会的变化解释了 20 世纪 80 年代美国总体工资分散上升的 10%~15%，而且主要是影响中高层工资收入的分布。工会的变化对于女性工资的分布影响较小。具有高中学历的男性和辍学男性之间工资溢价上升部分的 50% 可以由工会的衰退来解释。

Bell 和 Pitt（1998）采用 Dinardo 等（1996）的方法，分析了工会的衰退对于英国工资不平等上升的影响。他们发现男性工资不平等程度上升的 10%～25% 可以由工会的衰退来解释。Machin（1997）也得出了相似的结论。

Card（2001）解释了工会在 1973～1974 年、1993 年对美国男性和女性工资不平等的影响。Card 对此的分析基于两部门公式。他有两个重要的发现：①工会在 1973～1974 年、1993 年分别使男性工资方差降低了 12% 和 5%，工会的变化解释了 1973～1993 年男性工资不平等性上升的 15%～20%；②尽管在工会部门中行业内部的工资方差低于非工会部门，但是由工会导致的工会部门和非工会部门工资收入方差的拉大，抵消了工会的这种平等化效应，所以在 1973～1974 年、1993年美国女性劳动者的工资不平等的净效应很小。

Gosling 和 Lemieux（2009）检验了 1983～1998 年英国和美国工会对于工资不平等的影响。他们的结论是美国和英国的工会在改善女性工资不平等方面均不如男性。他们认为工会的改变可以解释 1983～1998 年英国工资不平等上升的 1/3，而美国工会的衰退可以解释工资不平等上升的 2/5。和 Dinardo 的观点一样，他们认为工会的变化无论美国还是英国，对于女性工资不平等的影响都是非常小的。

Chaykowski 和 Slotsve（2002）采用加拿大劳动和收入动态调查（Canadian survey of labor and income dynamics，SLID）数据，将样本中所有个体的收入由低到高进行排序，进行五分位排序分类，进而采用分位数有序 probit 回归方法，考察工会对于收入分布的影响，最终结果表明工会会员更有可能分布在高收入阶段，如果是非工会会员则更有可能分布在低收入阶段。

三、工会与工资决定机制方面的观点

Johnson 为了明确工会对于工资的影响，采用明瑟方程对工会的影响进行了估计。他主要关注工会是如何通过作用于年龄和教育两个影响工资的变量来影响工会会员工资的。所以，他在明瑟方程中，不但加入了是否是工会这个选择性变量，还引入工会与年龄、工会与年龄的平方、工会与教育年限的交叉项来考察工会的影响。他采用 1965 年和 1966 年的消费者财务状况调查（survey of consumer finances）数据，从中抽取男性蓝领劳动者数据，利用明瑟方程进行 OLS 回归分析。在不考虑工会变量与年龄、教育的交叉项时，工会的工资溢价为 34.2%。在加入工会的交叉项后，非工会部中教育变量的系数是 0.0472，在工会部门的教育系数是 0.0274，工会部门中教育的回报率低于非工会部门比例接近 60%。

最有意思的结果是工会通过年龄来影响工资。非工会部门中年龄和年龄的平方变量估计系数为 0.0461、−0.000 531，而在工会部门中的估计系数为 0.0223、−0.000 213。在 Johnson 的研究数据中，这就意味着非工会会员的工资在 43 岁时达到最高，而工会会员的工资则在 52 岁达到最高；另外，还意味着在工会部门中年龄对于工资的影响比较小。

　　Johnson 的研究引起了许多学者对于工会部门与非工会部门中工资决定机制差异性的研究。于是 Bloch 和 Kuskin（1978）提出工会会员工资和非工会会员工资的决定机制可能是完全不同的观点。尤其是对于个体特征的一些回报，如教育、经验等在工会部门中的边际回报率可能要低于非工会部门；由于高技能劳动者的边际技术成本比较低，工会部门的雇主会主动雇佣那些具有高技能的劳动者。这些引起了不同素质的劳动者在工会部门和非工会部门之间的分离，进而导致工会部门和非公会部门工资的差异。他们采用了 1973 年 CPS 数据，专门对私营部门白人男性的数据进行了研究。他们分别采用明瑟方程，通过 OLS 来估计工会部门和非工会部门的工资方程，他们的估计结果表明非工会部门的工资对个体特征差异更加敏感，相对于工会部门来说也具有更大的工资方差。

　　Bloch 和 Kuskin（1978）采用 OLS 估计方法具有一定的局限性，因为观察到的工会会员和非工会会员的工资不是从整个行业工资分布中随机抽取出来的。如果劳动者选择是否加入工会的决定和工会会员与非工会会员工资差异相关，那么观察到的工会会员和非工会会员工资就不是从总体的工资分布中随机抽取出来的样本。在这种情况下，由于工资等式中的扰动项和是否是工会会员这个变量具有相关性，采用 OLS 对观察到的工资数据的估计结果不具有一致性。

　　Duncan 和 Leigh（1980）的研究结论与 Bloch 和 Kuskin（1978）的研究结论较为一致。无论采用工具变量的方法还是采用逆米尔斯比率的方法，在上学年限、工作任期、良好的健康条件、婚姻状况等这些个人特征方面，非工会会员获得的回报都要远远大于工会会员。从总体上说，这两种方法的估计系数是一致的。

　　Robinson 和 Tomes（1984）采用 1979 年的加拿大社会改变调查（social change in Canada survey）数据，通过联立方程的方法，在工会会员和非工会会员的工资等式中加入逆米尔斯比率估算工会部门和非工会部门的工资决定机制。研究表明私营部门中，非工会部门中经验和经验的平方变量估计系数为 0.0150、−0.0003，而在工会部门中的估计系数为 0.001 91、−0.0004，再次表明工会在工作经验方面具有压缩工资分布的作用。无论在私营部门还是在公共部门，在其他条件相同的情况下，工会部门由于性别原因给男性带来的回报率超过非工会部门的两倍；技术劳动者在非工会部门中获得的边际回报要高于工会部门，非技术劳动者在工会部门中获得的回报在工会部门中获得的边际回报要高于非工会部门，这也在一定程度上和后面一些采用分位数回归方法研究文献（Shultz and Mwabu，1998；

O'Leary et al.，2004；Eren，2007）结论不谋而合：工会在较低的收入行业中具有较高的工资溢价，因为非技术劳动者的工资水平一般都较低，而技术劳动者的工资水平基本处于较高的工资收入分布阶段。

Duncan 和 Leigh（1985）研究发现工会部门的投资回报率要低于非工会部门的投资回报率；未婚的劳动者在非工会部门获得更大的工资回报；工会会员的回报率受到农村居民属性的负面影响较小，而非工会会员受到的负面影响较大等。

Schultz 和 Mwabu（1998）研究了南非的工会会员和非工会会员的工资决定机制的差异。他们采用 OLS 和 QR 方法对含有工会选择变量的明瑟方程进行了回归，并加入工会与教育、工会与经验、工会与经验平方的交叉项。研究发现，中等收入水平的人群中，小学教育水平的非工会会员和工会会员边际回报率分别为7.8%、1.4%；中学教育水平的边际回报率分别为 20.1%、6.8%；高等教育水平的边际回报率分别为 30.5%、21%。所以，如果学生将来很有可能从事的是工会工作，那么他就会有动力来上学。在经验方面，中等收入行业中，工会会员大约在50 岁达到收入顶峰，而非工会会员在 37 岁基本都已经达到了工资顶峰。

Cho D 和 Cho J（2011）采用 2004 年美国的 CPS 数据和韩国的 EAPS（economically active population survey，经济活动人口调查）数据，通过分解方法研究了工会会员与非工会会员的工资差异，无论美国还是韩国，工作任期、劳动力市场经验、教育在工会部门中的回报率都要明显低于非工会部门中的回报率，而工会部门中已婚变量的回报率要比非工会部门高。其中，行业变量在美国和韩国对工资决定影响程度存在着明显的差异。在美国，如采矿业、建筑业、交通运输业以及公共设施行业等对工会部门工资有着较高的正向影响（这些行业都具有正的工会工资溢价），这是因为美国在这些行业主要采用行业层面的集体谈判。而在韩国，这些行业并没有很好地实施集体谈判，因此，这些行业对于工会会员工资的影响作用并不显著。另外，韩国的交通运输、公共设施以及教育卫生服务业都是负向影响（这些行业都具有负的工会工资溢价），这是因为这些行业主要是向公众提供服务，所以在韩国这些行业的罢工权利受到限制，降低了工会的谈判力量。

第三章　中国影响工资收入分配的主要因素

第一节　研究中国工会所考虑的主要影响因素

本章主要使用的变量包括党员、工会会员身份变量；最高教育程度、参加工作的年限、自己所认知的英语水平以及健康程度等人力资本变量；工作自主性、工作便利性、是否签订劳动合同、集体合同、从事的工作是否为全职工作，以及公司的规模、企业性质等就业特征变量；东部沿海地区、中部内陆地区、西部边远地区等以及所在的类型城市等哑变量；性别、婚姻状况、民族、户口等人口特征变量①。

人力资本变量中，最高教育程度按照我国的教育制度进行划分，它是决定工资的一个关键性人力资本变量。健康对于收入有着积极的影响。有良好健康状况的劳动者可以由于缺勤、请假、迟到等的减少而增加自己的劳动时间，减少非劳动时间；另外，具有良好健康状况的劳动者会具有一个较高的寿命预期，即在退休后具有较高的生存时间年限，这样会产生两个方面的效应：增加工作时间和提高教育投资。因为劳动者身体健康状况良好，从整个生命周期的劳动供给考虑，就会增加当前的工作时间，减少闲暇，增加劳动收入；由于身体健康状况良好，预期寿命较长，他们的人力资本投资收益预期年限延长，进而促进人力资本投资，提高劳动者的工资水平。

在排除了一些生产力特征要素外，性别、民族等对工资的影响在一定程度上代表了工资歧视的存在。

企业规模是一个与工资密切相关的重要变量。首先从人力资本角度来讲，一方面，大规模企业通常具有完善的用人制度，较低的员工流动率，所以有机会给劳动者提供更多的特殊培训，支付较高的工资；另一方面，也可以将工资支付看做劳动者高人力资本含量的原因，即大企业支付较高的工资，那么大企业在招聘时所面临的招聘池中包含的优秀应聘者较多，可以使大企业招聘到优秀的员工，从而提高整体的人力资本含量，使其人力资本成本反而较低。其次，从补偿性工资理论来讲，一方面，大企业的规章制度比较健全，受到制度约束程度较高，而劳动者对于这种约束具有一个负效应，减少了劳动者的效用损失，为了对此进行

---

① 具体采用的变量以及变量定义参见附表 1 和附表 2。

弥补，大企业应该给予劳动者一个额外的工资支付，即补偿性工资，从而使得大企业劳动者的工资水平比较高；另一方面，大企业由于完善的规章制度，以及较低的流动率，更倾向于采用按照结果付酬的方式，而不是按照工作时间来支付报酬，这样就将企业的一部分经营风险变为劳动者的工资收入风险，而劳动者相比企业而言，对于风险更为敏感，所以，要想使劳动者接受这种工资支付方式，必须给予劳动者一定的风险溢价补偿，即补偿性工资，从这个角度来说，大企业的工资水平也比较高。最后，从生产率和成本角度来讲，一方面，大企业由于具有较为雄厚的资金，一般采用优质的资本与劳动者结合，从而提高劳动者生产率；生产率水平越高，企业的盈余越多，劳动者的工资水平也会越高；另一方面，大企业在员工监督方面，由于人数众多、机构庞大，监督成本过高，甚至监督具有不可能性，他们往往采用效率工资、竞赛工资、延期支付工资等分配方式，而这些工资分配方式的特点是工资水平高于市场的平均工资水平，以减少监督成本，增强激励，从这个角度讲，大公司也一般具有较高的工资水平。所以，在工资等式中，企业规模变量系数应该是正号。

从补偿性工资理论角度来说，工作便利变量对于工资水平也起着重要的影响作用。该变量衡量的是通过工作便利来帮助其他人等。如果可以借职务之便充分地为自己或别人带来好处，那么该职位就存在着一定隐性价值，即具有较好的一些工作特征，从而带来一种额外的收益。所以，从补偿工资理论来理解，该衡量指标越高，对劳动者的效用也就越大，劳动者可以放弃一部分显性工资收入来从事该类型的工作。所以，工作便利程度越高，工资水平倾向于越低。

工作自主性衡量的是在工作过程中，多大程度上决定着自己的工作任务的完成方式、方法以及完成时间等。通常工作的自主性和工作责任密切相关。即具有较强的工作自主性，劳动者就相应地承担着由这种工作自主性带来的工作结果。工作自主性越高，相应的工作难度也就越大，工作责任也就越高，工资水平应该与其保持着一种正相关的关系，所以，该指标的估计系数应该是正号。

是否为全职工作的哑变量与工资的关系可以从补偿性工资理论和歧视性工资理论两个角度进行理解。从补偿性工资理论来讲，由于全职工作的工作时间比较固定，没有权利来根据自己的效用函数来决定自己的工作时间，从而劳动者会额外索要一部分工资对其进行补偿。因为劳动者的效用函数通常用劳动收入和闲暇时间来表示，通过劳动收入和闲暇时间的组合以及市场的小时工资率来决定自己的最佳劳动力市场供给时间。而现实是只要参加了全日制的工作时间，无论你的最佳工作时间超过 8 小时还是不足 8 小时，一般而言劳动者必须工作 8 小时。所以，从事全日制工作，劳动者的效率组合会受到一定的损失。而对于非全日制工作,劳动者可以按照自己的效用函数和市场工资率来合理地选择自己的工作时间,从而使得自己的效用函数在当前的市场工资率下达到最大化。所以,在同等条件下,全日制劳动者由于这种工作固定性而造成的效用损失应该获得一个补偿,也就是所谓的补偿性工资,即通常意义上,全日制工作比非全日制工作的小时工资率要高。从歧视性工资理论来讲,全日制工作相比非全日制工作而言具有较高的工作稳定性和安全性,可以获得较高的晋升机会和培训机会等,工资水平也较高。非全日制工作具有很大的不稳定性和很高的工作不安全性,也没有培训机会,发展前景更是黯淡。所以这些工作特征正是双重劳动力市场的特征,即这两种劳动力市场存在较加大的隔离,从非全日制的工作发展为全日制工作,从次要劳动力市场到主要劳动力市场转变存在着较大的难度,所以,从劳动力市场的隔离与歧视角度来说,非全日制的工作工资水平要明显低于全日制工作的工资水平。

是否为党员在一定程度上也与工资水平之间存在着密切的联系。在我国若干种职业中,党员身份是进入到某个职业的前提条件,如学校的辅导员、企业的党政工作人员等。在目前的招聘中,为了增强国家政府对于企业的支持,普遍存在着一种提高员工党员比例的倾向,即如果具有党员身份,在工作搜寻方面相对比较容易,找到的工作更具有体面性等。所以,党员身份在一定程度上也与工资水平存在着联系。

在我国,户口仍然是影响着劳动者工资水平的重要变量。我国在进行经济体制改革时,中央政府逐渐向地方政府分权,这导致了户籍制度不能得到全面的统一。户籍制度使得一些没有城市户口的劳动者被限制进入某些工种,在招工条件方面具有不同的条件要求,以及涉及就业的各种不合理收费等,最终使得户籍制度成为市场分割的罪魁祸首。所以,户籍是通过劳动力市场分割的方式影响工资水平的一个重要变量。

企业性质是中国劳动力市场政策改革过程中影响工资水平的一个重要的衡量变量。企业性质主要是通过劳动力市场政策导致的工资形成机制而对工资水平产生重要影响的。在计划经济时期,中国是单一公有制的经济体制。改革开放以来,中国的基本经济制度发生了变化,实行"以公有制为主体,多种所有制经济共同发展"的经济制度,而且公有制的实现形式多样化。在经济体制改革的同时,带来了这些不同经济成分的法律法规的制度约束以及国家干涉力度等的差异,形成了体制内用工单位和体制外用工单位。体制内的用工单位一般为政府机关、事业单位、国有企业和研究所等,其工资形成机制也主要不是通过劳动力市场形成的,很大程度上是由于政府的计划干预而形成的,即"以计划为主、市场为辅"的工资形成机制。体制外的用工单位的就业决策主要是以利润最大化为目标,根据企业的需要,进行灵活用工,就业形式多样化。这类企业的经济成分主要是非公有制，全民所有成分很少，很少有国家控股的民营企业。所以，企业的所有制不同，对于工资的影响以及工资的差异比较明显。所以，在研究工会的工资溢价时，对于企业性质的控制是必要的。

我国的工资水平在地区上存在着较大的差异，不同地区①，由于生活成本、资本密集型等的差异，我国不同地区之间的工资水平存在着较大的差别。一般而言，东部沿海地区经济较为发达，工资水平较高，而西部边远地区经济落后，工资水平较低。所以，在引入地区变量后，如果以西部边远地区为基准变量，东部沿海地区、中部内陆地区哑变量的系数应该为正号，且东部沿海地区哑变量的系数要大于内陆地区哑变量的系数。

第二节　研究的数据来源与数据处理介绍

一、中国综合社会调查数据和雇员雇主匹配数据简介

1. 中国综合社会调查数据

本节主要使用中国综合社会调查数据。该数据针对全国 125 个县（区）、500 个街道（乡、镇）、1000 个居（村）委会、10 000 户家庭中的个人进行调查。该项调查是从 2003 年开始，到 2008 年为该项调查的第一期。从 2010 年开始已经启动了第二期项目调查，每两年调查一次，到 2019 年完成 5 次调查。从 2009 年已经联合全国的 25 个高校进行联合调查。且 2010 年第一次调查问卷已经完成。虽然该数据从 2003 年开始，但根据本书研究目的，必须有对工会会员身份这个变量的调查，而对于是否是工会会员的调查是从 2008 年开始的，所以本书主要采用 2008 年和 2010 年的中国综合社会调查数据。

从调查问卷来看，2008 年和 2010 年的调查内容存在着较大的差异，在 2008 年的基础上，2010 年的调查问卷又增加了一些调查板块，同时删减了一些调查内容。所以，2010 年和 2008 年在数据上存在着一定的差异性。

2008 年调查问卷区分了农村和城镇调查问卷，即把调查问卷主要分为城市和农村两部分。城镇部分的调查问卷主要包含了个人基本情况、家庭基本情况、教育及基本工作、性格及态度、社会交往与求职等主要的子模块。

---

① 这里主要采用东部沿海地区、中部内陆地区以及西部边远地区的划分方法。东部沿海地区：北京、天津、河北、辽宁、上海、江苏、浙江、福建、山东、广东、广西、海南、重庆、大连、宁波、厦门、青岛、深圳；中部内陆地区：山西、内蒙古、吉林、黑龙江、安徽，江西、河南、湖北、湖南；西部边远地区：四川、贵州、云南、西藏、陕西、甘肃、青海、宁夏、新疆。香港、澳门、台湾单独划分，故本书研究不包含香港、澳门、台湾。

2010 年的调查问卷主要包括七部分：A 部分主要调查了社会人口属性、健康、迁移、生活方式、社会态度、阶级认同、政治参与行为与态度、个人认知能力、劳动力市场、社会保障、家庭；B 部分是农村模块；C 部分是消费习惯调查；D 部分是公平、信任、认可、政治行为等调查；L 部分是环境保护问卷；M 部分是娱乐调查问卷；N 部分是宗教调查问卷。

2. 雇员雇主匹配数据

该数据是中国人民大学劳动人事学院进行调查而获得的数据。该调查项目是由 985 资金支持的长期调查项目。2011 年 12 月～2012 年 1 月在北京市进行了首次试点调查，共成功调查了 50 家样本企业，330 多名企业员工。在 2012 年 5 月～6 月进行了第二次试点调查。在本次调查中，主要在北京、齐齐哈尔、长春、济南、郑州、成都、福州、苏州、襄阳、咸阳等十个城市进行了调查，在这十个城市中，共调查了 350 家样本企业，3566 名企业员工。

2012 年调查的雇员问卷中主要包括了员工的个人信息、工作特征、员工与企业劳动关系、员工福利计划四个部分。雇主问卷中主要包括企业用工状况、企业管理、劳动关系、员工福利计划、企业背景状况等信息。在研究工会对工资影响时，虽然在调查的规模上不及中国综合社会数据，但雇员雇主匹配数据相对比较完善。所以，本书主要结合相应的研究内容，综合采用这两种数据资源。

二、数据处理过程简介

在中国综合社会调查数据中，劳动者的工资采用的是小时工资。在调查过程中，主要调查了劳动者在过去一年中获得的职业收入；另外也调查了劳动者的平均一周工作或劳动的时间。根据一年中的所有收入以及劳动者的一周平均工作时间换算获得劳动者的小时工资。在 2008 年的数据调查中，具有劳动者全年职业收入的调查，同时包含了劳动者平均每周工作时间，而在 2010 年的调查数据中，仅有劳动者全年的职业收入，而没有包含劳动者的平均每周工作时间的调查，却有劳动者在上一周的平均工作时间，所以，为了把劳动者的劳动时间考虑在内，采用了小时工资的方式。即在 2008 年的数据中，小时工资是采用全年职业收入与平均每周工作时间来计算出来的，而 2010 年的数据采用上周工作时间来代替平均每周工作时间，利用全年职业收入和上周平均工作时间来计算小时工资（具体参见附表 1）。在雇员雇主匹配数据中，由于在个人调查问卷中有"从本企业获得的税后现金月总收入"以及每天工作时间，采用税后现金总收入与实际工作时间换算为小时工资（具体参见附表 2）。

　　在中国综合社会调查数据中,对于劳动者的工会地位,出现了"是工会会员""从来都不是工会会员"和"以前是工会会员"三种选择。为了考察劳动者的工会会员身份对于工资的影响,将"从来都不是工会会员""以前是工会会员"合并为"非工会会员"一类。并进一步将工会会员身份设定为哑变量,是工会会员的用数值 1 来表示,否则采用 0 来表示[①]。

　　中国综合社会调查数据中,对于问卷中的最高教育学历的调查数据也进行了整理。其中,小学学历及以下包括小学、从未上过学两种类型;高中学历包括职业高中和普通高中;中专学历包括中专和技校;大专学历包括成人高等教育大专和正规高等教育大专;大学本科包括成人高等教育本科和正规高等教育本科。为了分别研究不同学历的投资回报率,以及在工会和非工会条件下这些学历回报率的差异情况,把学历具体分为了相应的 0-1 二元哑变量,并采用小学及以下学历为参照基准变量进行回归分析等[②]。在雇员雇主匹配数据中,考虑到研究的需要,采用折合为教育年限的方式将教育程度换算为教育年限(详见附表 2)。

　　在中国综合社会调查的户口的调查中,主要包含农村户口、直辖市户口、省会城市户口、地级市户口、县级市户口、集镇或自理口粮户口等。目前中国的户籍制度主要通过劳动力市场准入政策与就业密切的联系起来。中国的劳动力准入政策主要分为两类:一类是关于外来务工人员和农民工政策,这类政策主要是影响到就业权利和就业资格的问题;另一类是人才引进政策,主要涉及劳动者的素质水平门槛要求。这两类政策和户籍制度有着密切的联系。总体来说,中国的户籍制度分为三种不同的模式:小城市的全面开放模式、中等城市的条件准入模式和大城市严格限制模式。由此看来不同类型的户口对于就业和工资的影响也有着较大的差异。在本书中由于户口只是作为一个控制变量,不再进一步详细研究户口类型的具体影响,只是简单地将户口类型分为城市户口和农业户口。除农业户口外,将直辖市户口、省会城市户口、地级市户口、县级市户口、集镇或自理口粮户口都归为非农业户口。在雇员雇主匹配数据中,针对户口的调查分为农业户口、非农业户口、没有户口和其他,为了便于研究,将这四类具体划分为农业户口和非农业户口,其他采用缺省值的办法处理。所以,将户口变量处理为 0-1 二元哑变量,即农业户口为 1,非农业户口为 0。

　　劳动者的经验通常采用劳动者的年龄以及法定劳动年龄之差来计算。而在中国综合社会调查数据中,有专门的针对劳动者的工作经验年限的调查,即劳动者

---

　　① 在雇员雇主匹配数据中,直接询问的是劳动者是否为工会会员,所以对此变量数据无须进一步处理。
　　② 在研究工会与工资的不平等时,为了便于与雇员雇主数据进行对比分析,也采用了折算为学习年限的方法将其处理为一个数值型变量。

从事第一份工作以来的年限。本书采用该指标作为劳动者的工作经验变量。在雇员雇主匹配数据中，有关于"最初参加工作年限"的调查，根据该项调查以及调查时间换算出调查员工的工作经验。

中国综合社会调查数据和雇员雇主数据，对于党员身份，均设置为 0-1 二元哑变量，即党员为 1，非党员为 0。在中国综合社会调查数据和雇员雇主数据中，婚姻状况在调查中具体进行了细分，具体包括未婚、初婚有配偶、再婚有配偶、离异、丧偶。本书中将婚姻状况分为未婚和已婚两种情况，即采用 0-1 二元哑变量。

为了考察企业性质对于工资水平的影响，将中国综合社会调查中的相关数据具体分为五类：将国有企业或国有控股企业归为国有企业；将集体所有或集体控股企业归为集体企业；将私有企业、民营企业或私有/民营控股企业归为私营企业；将港澳台企业、港澳台商控股企业归为港澳台企业；将外资所有或外资控股企业归为外资企业。雇员雇主匹配数据具体划分为：国有控股、集体控股、私人控股、港澳台商控股、外商控股。围绕上述五种情况分别设置五个 0-1 虚拟变量。

雇员雇主调查数据中调查了十个城市，为了避免共线性问题，将其按照我国目前的城市级别分别划分为第一类城市、第二类城市、第三类城市和第四类城市，分别将这四类城市设置为 0-1 的虚拟变量。其中，第一类城市包括北京。第二类城市包括长春、济南、郑州、成都、福州、苏州。第三类城市包括齐齐哈尔、咸阳。第四类城市包括襄阳。

在雇员雇主匹配数据中，调查企业所在的行业有 18 个类型，先将其按照这些雇员所在行业中的平均工资来对其进行聚类分析，通过聚类可以减少后面实证部分估计的共线性问题，同时，如果聚类后类型太少，相应地就减少了该变量的控制能力。所以，综合权衡以及结合实证部分的数据的试探性分析，将这 18 类行业分为六种类型：第一类行业包括金融业，房地产业，信息传输、计算机服务和软件业，科学研究、技术服务和地质勘查业；第二类行业包括卫生、社会保障和社会福利业；第三类行业包括住宿和餐饮业，居民服务和其他服务业；第四类行业包括建筑业，交通运输、仓储和邮政业；第五类行业包括农、林、牧、渔业，批发和零售业，租赁和商务服务业，制造业，水利、环境和公共设施管理业，教育行业；第六类行业包括电力、燃气及水的生产和供应业，文化、体育和娱乐业，公共管理与社会组织等。在工会覆盖的溢价实证分析部分采用六类行业为控制变量。另外，如果再进一步聚类，那么第一类和第二类可以归为一大类，第三类、第四类、第五类、第六类归为一大类，在工会的直接工资溢价实证部分，由于第二类和第三类数据较少而无法进行分解，则采用进一步聚类后的两大类行业为控制变量。聚类分析系统图如图 3-1 所示。

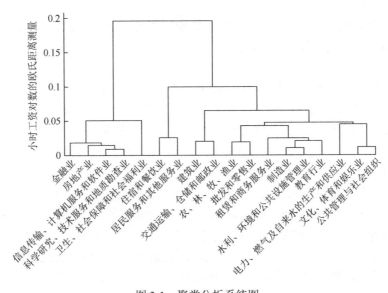

图 3-1　聚类分析系统图

第三节　影响劳动者工资的重要因素分析

为了考察人力资本、人口属性以及就业特征等方面与工资对数以及工会会员的身份是否有一定的关系，下面根据所选择的变量进行相关性分析，并试图找出所选择这些变量的现实性的可能依据（相关性分析见表 3-1）。

表 3-1　相关性分析结果

影响因素	雇员雇主匹配数据		2008 中国综合社会调查数据		2010 中国综合社会调查数据	
	小时工资对数	工会会员	小时工资对数	工会会员	小时工资对数	工会会员
工会企业	0.143***	1				
工会会员			0.142***	1	0.299***	1
未婚	0.0190	−0.044**	0.178***	−0.092***	0.095***	−0.045***
党员	0.121***	0.133***	0.099***	0.253***	0.234***	0.231***
农村户口	−0.141***	−0.182***	−0.262***	−0.327***	−0.454***	−0.315***
男性	0.118***	0.0150	0	0.102***	0.143***	0.081***
汉族	−0.047***	0.0220	0.086***	0.026**	0.086***	0.019*
教育年限	0.417***	0.187***	0.330***	0.292***	0.544***	0.278***
经验	−0.081***	0.097***	−0.127***	0.086***	0.083***	0.256***
经验的平方	−0.104***	0.066***	−0.088***	0.065***	0.056***	0.226***
健康	0.0250	−0.061***	0.151***	0.070***	0.266***	0.040***

续表

影响因素	雇员雇主匹配数据		2008 中国综合社会调查数据		2010 中国综合社会调查数据	
	小时工资对数	工会会员	小时工资对数	工会会员	小时工资对数	工会会员
英语水平	0.295***	0.154***			0.421***	0.163***
沟通	0.108***	−0.0120				
基于绩效付酬程度	0.086***	0				
工作自主性	0.156***	−0.0060			0.078***	0.108***
工作便利性					−0.233***	−0.093***
全职工作			0.124***	0.170***		
劳动合同	0.250***	0.346***	0.196***	0.245***	0.313***	0.327***
集体合同	0.085***	0.285***				
公司人数	0.145***	0.239***	0.044***	0.055***	0.153***	0.112***
公司人均利润	0.0160	0.066***				
国有企业	0.0090	0.303***	0.154***	0.418***	0.234***	0.403***
集体企业	0.0060	0.075***	0.027**	0.047***	−0.0120	0.084***
私营企业	−0.113***	−0.314***	0.070***	−0.142***	−0.162***	−0.332***
港澳台企业	0.161***	0.051***	0.036***	−0.0150	0.042**	−0.0050
外资企业	0.135***	0.034*	0.094***	0.065***	0.135***	0.034**
第一类城市	0.305***	0.068***				
第三类城市	−0.237***	0.053***				
第二类城市	−0.0180	−0.136***				
第四类城市	−0.075***	0.090***				
第一类行业	0.289***	0.085***				
第二类行业	0.079***	−0.078***				
第三类行业	−0.178***	−0.120***				
第四类行业	0.087***	0.104***				
第五类行业	−0.157***	−0.0090				
第六类行业	0.0200	−0.040**				
东部沿海地区			0.267***	0.052***	0.285***	0.090***
西部边远地区			−0.106***	0.052***	−0.197***	−0.0160
中部内陆地区			−0.188***	−0.096***	−0.120***	−0.079***

*$p < 0.05$；**$p < 0.01$；***$p < 0.001$

一、与劳动者的工资对数相关的因素分析

2012 年的雇员雇主匹配数据和 2008 年及 2010 年的中国综合社会调查数据的相关性分析均表明工会与小时工资对数之间存在着显著的正相关关系。且根据 2008 年和 2010 年的中国综合社会调查数据对比发现，2010 年二者的相关性更加紧密。

另外，正如相关理论所预期的那样，在人口特征方面，未婚、男性、汉族与其小时工资对数存在着显著的正相关关系，农村户口与小时工资对数负相关。说明这些因素会导致劳动者的工资差异，而这些因素并不代表生产力，所以一律归为歧视性因素。

在人力资本方面，教育年限、经验、健康、英语水平等都与劳动者的工资存在着显著的正相关关系，这与人力资本理论预期相一致。

在工作特征方面，基于绩效付酬的程度、工作的自主性，劳动合同、集体合同等均与小时工资对数正相关。工作便利性与小时工资对数负相关。这些都与补偿性工资理论预期一致。

二、与入会倾向相关的因素分析

在人口统计变量中，未婚、农村户口与工会企业或工会会员身份存在负相关关系，在男性、汉族等方面与工会企业或工会会员身份存在正相关关系。

在人力资本方面，教育年限、经验、英语水平与健康等都与之存在正相关关系。在工作特征方面，工作的自主性、全职工作、劳动合同、集体合同等与之正相关，但与工作的便利性表现为负相关关系。在公司人数和工资利润方面，也与工会企业或工会会员身份存在正相关关系。这说明组建工会的企业通常都是规模比较大，利润比较高的企业，这样的企业也比较容易组建工会和向劳动者支付较高的工资。所以，工会企业的高工资不一定都是由工会的存在造成的，如果要研究工会的存在而形成的对工资的影响，必须对这些变量加以控制。

第四章 基于 PSM 估计的工会总体工资溢价分析
——来自中国综合社会调查数据的经验

第一节 倾向值匹配模型及匹配因素

一、倾向值匹配模型

虽然最小二乘法在国外被普遍应用于研究工会的工资效应，但它明显存在线性回归的两个缺点。首先最小二乘法必须借助于具体分布函数表达工资等式，研究工会的文献通常的做法是将影响工资的各种水平的变量都放入工资等式中，也可能把影响工资的相应变量的平方项放入工资等式中；如果实际的模型包含这些变量中更高阶项或者这些变量的交叉项，那么这种线性模型通常会由于遗漏变量而造成偏差。第二个缺点和一些解释变量可能与超出了共同支持域有关。工会会员和非工会会员这两个群体的条件变量的值域具有交叠进而可以进行比较，如果没有交叠域，就无从进行比较，因而线性回归模型确实可以对没有交叠的区域进行解释，这可能会导致产生其他的偏差。

本章通过采用半参数匹配估计的方法解决这两个潜在的缺陷。匹配估计的最简单的形式，是试图通过从非工会会员样本中选择一个可以与工会会员样本相似甚至相同的子样本来进行比较，尽量做到被选择出来的非工会会员的子样本与工会会员样本除了工会会员身份的差别外，其他方面没有差别。这种匹配方法尤其是在克服上述线性最小二乘法的两个缺陷时具有较强的优势。此外，匹配估计是基于共同支持部分具有较厚区域的那一部分，所以它可能会发现一些基于不可观测变量的线性选择。匹配估计由于不存在模型假设，在存在异方差时也是一种非常有效的估计量。采用倾向值匹配方法必须考虑两个问题：①估计方法。该方法是一种反事实的分析方法，既可以将工会会员和如果他们不是工会会员的反事实情况下的工资进行比较，即干预组的平均干预效应（average treatment effect for the treated，ATT）估计方法，也可以将非工会会员和如果他们是工会会员的反事实情况下的工资进行比较，即未被干预组的平均干预效应（average treatment effect for the untreated，ATU）估计方法；还可以比较如果所有劳动者都加入工会的反事实情况下的工资差别，即平均干预效应（average treatment effect，ATE）的估计方法。

本书主要采用 ATT 估计方法。②匹配方法。匹配方法主要解决的是采用什么值来进行匹配，以及如何匹配的问题。本书主要利用 probit 模型预测劳动者加入工会的倾向值，并且按照单一最近匹配的方法对倾向值进行匹配。

1. ATT 估计

假设 $U=1$ 表示工会会员，$U=0$ 表示非工会会员。工会会员工资是 w_1，非工会会员工资是 w_0。可观测的变量集 X 既可以影响到是否加入工会这个干预变量，也会影响到工资这个结果变量。本章主要采用干预组的平均干预效应，即将工会会员和如果他们不是工会会员的反事实情况下的工资进行比较：

$$\text{ATT} = E(w_1 - w_0 \mid U=1, X) \tag{4-1}$$

其中，$E(w_1 \mid U=1, X)$ 为可以观察到的变量数据；$E(w_0 \mid U=1, X)$ 为观察不到的数据，所以存在一个反事实性数据问题。如果利用已知样本均值来代替反事实数据会导致偏差：

$$
\begin{aligned}
\text{Bias} &= [E(w \mid U=1, X) - E(w \mid U=0, X)] - [E(w_1 - w_0 \mid U=1, X)] \\
&= E(w_0 \mid U=1, X) - E(w_0 \mid U=0, X)
\end{aligned}
\tag{4-2}
$$

针对上述偏差，Heckman 等（1998）将其分解为三部分：

$$E(w_0 \mid U=1, X) - E(w_0 \mid U=0, X) = B_1 + B_2 + B_3 \tag{4-3}$$

其中，B_1 表示工会会员和非工会会员两个群体缺乏足够的交叠区间而产生的偏差；B_2 表示在共同支持域内 X 分布存在着差异而造成的偏差；B_3 表示由不可观察的变量导致的偏差。B_1 和 B_2 都是由可观察的变量造成的偏差。如果像能力、动机等不可观察变量和干预变量存在着相关性，那么就会造成不可观察的变量带来的偏差，即 B_3。

估计不存在的反事实数据，其中一个可行的方法就是匹配方法。匹配方法试图通过从非工会会员样本中选择一个可以与工会会员样本相似甚至相同的子样本来进行比较，尽量做到被选择出来的非工会会员子样本与工会会员子样本除了工会会员身份的差别外，其他方面没有差别，就像是随机试验一样。这种匹配方法要想解决这种反事实数据问题，必须满足以下两个假设。

假设 1：$w_0 \perp U \mid X$，即条件性独立假设。也就是说，选择出来的比较组的结果变量独立于以 X 为条件的干预变量。这表明被挑选出来的控制组成员加入工会和不加入工会是一个随机的过程，而与非工会会员的工资没有关系。

假设 2：$P(U=1 \mid X) < 1, X \in S_p$，该假设是为了保证控制组的存在，从而与干预组形成对比。S_p 代表共同支持域。

倾向值匹配的难点在于随着可观察的协变量增多，将不同特征的协变量进行匹配难度增加。Rosenbaum 和 Rubin（1983）通过利用干预变量的概率解决了这个问题，即倾向值作为匹配工具，从而将多维问题变为一维问题。该倾向值通常采用下面的式子表达：

$$P(X) = \Pr(u = 1 \mid X), \quad X \in S_p \tag{4-4}$$

具有相同倾向值的工会与非工会观测值具有相同的关于 X 的向量分布，并且满足平衡性假设。假设 1 可以采用下面的公式来表达：

$$w_0 \perp U \mid p(X) \tag{4-5}$$

在假设 1 和假设 2 下，ATT 就会产生无偏估计量，因为

$$E(w_0 \mid U = 1, p(X)) = E(w_0 \mid U = 0, p(X)) \tag{4-6}$$

2. 匹配方法——单一最近匹配（single neighbor matching）

假设 w_{1i} 表示第 i 个工会会员的工资变量，w_{0j} 表示第 j 个非工会会员的工资变量。I_1 表示工会会员的集合，I_0 表示非工会会员的集合，S_p 表示共同支持域。N_T 表示在 $I_1 \cap S_p$ 中的人数。$I_1 \cap S_p$ 表示共同支持域中的工会会员的个体集合。

当倾向值之差的绝对值在 i 和 j 之间倾向值的所有可能配对中最小时，邻居关系 $C(P_i)$ 包含一个非工会会员 j（$j \in I_0$），其作为工会会员 i（$I \in I_1$）的匹配。即

$$C(P_i) = \min_j \| p(X_i) - p(X_j) \|, \quad j \in I_0$$

其中，$C(P_i)$ 表示每一个工会会员 i 的邻居关系。第 i 个工会会员的邻居是非工会会员 j（$j \in I_0$，$p(X_j) \in C(P_i)$）。和 i 匹配的那些非工会会员 j 在集合 A_i 中，$A_i = \{j \in I_0 \mid p(X_j) \in C(P_i)\}$；如果 A_i 集合中只有一个元素，那么就是单一最近匹配。所以单一最近匹配干预组的平均干预效应为

$$\text{ATT} = \frac{1}{N_T} \sum_{i \in I_1} \{w_{1i} - w_{0j}\} \tag{4-7}$$

二、控制组和对照组匹配因素

为了尽量消除那些影响工资的变量，根据人力资本理论，将最高教育程度、参加工作的年限、自己所认知的英语水平以及健康程度等人力资本变量作为控制变量。根据补偿性工资理论，将工作特征作为控制变量，即工作自主性、工作资源、公司的规模等，以及地区的不同而造成的工资差异，即将东部沿海地区、中部内陆地区、西部边远地区等哑变量作为控制变量。在中国，政治身份也可能会与就业歧视等有联系，为了消除就业歧视、工资歧视等的影响，将党员、性别、婚姻状况、民族、户口等人口特征变量加以控制。

具体而言，因变量是年工资对数，解释变量为是否为工会会员的 0-1 哑变量；其控制变量为：周平均工时、公司人数；是否为党员、是否为男性、是否为汉族、是否已婚、是否为农业户口、是否签订了劳动合同的 0-1 虚拟变量；最高学历包括小学及以下、中学、高中、中专、大专、本科和研究生的 0-1 虚拟变量；参加

第一份工作以来的工作年限及工作年限的平方；英语水平、健康、工作自主性、工作便利程度的 1～5 水平变量；是否为国有企业、私营企业、港澳台企业、外资企业、集体企业员工的 0-1 虚拟变量；调查对象位于东部沿海地区、中部内陆地区还是西部边远地区的 0-1 虚拟变量。

三、基于匹配优势的数据选择

　　本书有两套数据可以研究工会的工资溢价问题，即雇员雇主匹配数据和中国综合社会调查数据。在本书研究之前对数据进行了试分析，发现雇员雇主匹配数据在使用倾向值匹配估计时在数据的平衡性检验方面很不理想，即匹配前后控制组和实验组的相关变量大多数均存在着显著性的差异。而 2010 年的中国综合社会调查数据的平衡性检验非常理想。所以，为了能够获得更加可靠的结论，采用了中国综合社会调查数据。

　　该数据是中国人民大学联合全国的 25 个高校，基于对全国 125 个县（区）、500 个街道（乡、镇）、1000 个居（村）委会、10 000 户家庭中的个人进行的调查。中国综合社会调查数据已经成为公开性的大型数据，对外公布了四次调查数据。包含工会会员身份的调查数据是从 2008 年开始的。2010 年和 2008 年的数据相比，在工作特征等方面的调查更为详细。基于补偿性工资理论以及所采用的研究方法，选择 2010 年的数据进行研究。在排除了工会会员身份的缺失样本后，样本中包含 1255 个工会会员，8867 个非工会会员。

第二节　基于 PSM 估计的工会总体工资溢价分析

一、工会会员身份的倾向值和共同支持域

　　采用工会会员身份作为因变量，通过 0-1 二元变量的 probit 模型来估计工会会员身份的倾向值。条件独立假设（CIA）要求所有的能够影响是否加入工会决定以及影响工资的变量都要进入估计公式中。在工会会员中，倾向值最小值为 0.011 26，最大值为 1，平均值为 0.5223；在非工会会员中，倾向值最小值为 0.0030，最大值为 0.9335，平均值为 0.1617。倾向值分布图见图 4-1，尽管非工会会员的倾向值多数集中在较低位置，但是他们为工会会员在整个分布上提供了共同支持。

二、平均处理效应估计与分析

　　根据工会会员和非工会会员的倾向值进行单一的最近匹配估计，并且采用不

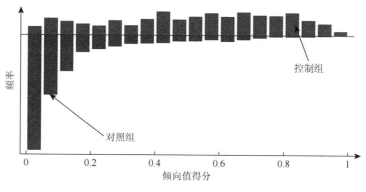

图 4-1　倾向值分布图

放回的匹配方式，即一旦找到一个与工会成员个体相匹配的非工会会员，那么该相匹配的非工会会员就从该群体中移出，确保一个非工会会员只和与之相匹配的工会会员匹配一次。为了保证匹配的质量，根据 Rosenbaum 和 Rubin（1983）的建议采用样本估计的倾向值标准差的 1/4 作为带宽，该样本的带宽设置为 0.062（预测样本倾向值的标准差为 0.251）。如果落在该范围之外，那么工会会员中的个体就没有得到有效的匹配，通过这种方式可以增强共同支持域的质量。

采用这种最近匹配方式的最大优点是可以使工会会员和与之相匹配的非工会会员个体进行最好的匹配，使匹配偏差达到最小。通过匹配发现工会会员和非工会会员的工资对数的变化（估计结果见表 4-1）。在对样本进行配对之前，工会会员的工资对数要比非工会会员的工资对数高出 0.434，即工会会员的工资比非工会会员的工资要高出 54.3%[①]，而且相应的 t 值为 11.14，这说明在 1% 的水平下是显著的。在对两个样本进行配对比较后，工会会员的工资对数比非工会会员的工资对数高出 0.0065，即工会会员的工资比非工会会员的工资要高出 0.65%[②]，相应的 t 值是 0.09，这说明在 10% 的水平下是不显著的，即工会会员和非工会会员的工资没有显著性的差别。

表 4-1　PSM 估计

变量	样本	工会会员（1）	非工会会员（2）	差分 =（1）-（2）	剩余残差	t 值
工资对数	未匹配	10.214	9.780	0.434	0.039	11.14
	平均处理效应	10.214	10.207	0.0065	0.071	0.09

① 该计算公式推导过程如下：工会的工资溢价可以表示为 $d \equiv \dfrac{w^{U}-w^{N}}{w^{N}}$ ，其中，d 表示工会会员和非工会会员之间的工资差距，w^{U} 和 w^{N} 表示工会会员和非工会会员的工资。对上式取对数，得到 $\ln(1+d)=\ln w^{U}-\ln w^{N}$ ，所以工会的工资溢价 $d=\exp(\ln w^{U}-\ln w^{N})-1$ 。所以该数值是根据 $\exp(0.434)-1=0.543$ 得出的。

② 计算方法同上。

第三节　基于 PSM 估计的工会总体工资溢价的相关检验与分析

一、基于 PSM 估计的工会总体工资溢价的相关检验

如果上述匹配有效，还必须考虑工会会员和与之相匹配的非工会会员之间的个人特征属性等方面的平衡性。表 4-2 反映了工会会员和与之匹配的非工会会员之间的个人特征属性的平均值，这些特征也反映了工会会员和非工会会员两个群体特征的边际贡献的"距离"（Rosenbaum and Rubin，1983）。匹配后的标准偏差是指工会会员和与之匹配的非工会会员的样本中某个特定协变量的标准方差差异的百分数。

根据平衡性检验结果，在工会会员和非工会会员的个体特征配对之前差别显著，有相当一部分特征变量的标准偏差百分比都在 50% 以上。例如，年工资对数匹配前标准偏差达到 87.5%，党员的标准偏差达到 59.3%，是否签订合同的标准偏差为 82.9%，经验、经验的平方、私营企业等的标准偏差都达到 50% 以上[①]。而且通过 p 值可以看出工会会员和非工会会员的个体特征在 10% 的概率下存在着显著性差异。而在进行倾向分值进行配对之后，这些个体特征标准偏差明显减少，企业性质、教育程度、经验、就业特征等的差异都得到了大幅度的下降。其中，年工资对数、婚姻、劳动合同、户口、大专、英语水平、私营企业、港澳台企业、集体企业、东部沿海地区等变量的偏差经过配对后下降达到 90% 以上，并且几乎所有的特征变量在 10% 的概率下使得工会会员和非工会会员的个体特征差异不显著。这说明，经过倾向分值匹配之后，工会会员和非工会会员的个体特征差异得到消除，检验结果表明数据具有很好的平衡性，匹配质量比较好，这也说明了工会会员与非工会会员的工资差距的结论具有较高的可靠性。

表 4-2　工会会员与非工会会员特征的平衡性检验部分结果

变量	样本	工会会员的各变量平均值	非工会会员的各变量平均值	p 值	样本	工会会员的各变量平均值	非工会会员的各变量平均值	偏差减少值/%	p 值
年工资对数	匹配前	10.02	9.129	0	匹配后	10.21	10.21	99.30	0.885
党员	匹配前	0.331	0.098	0	匹配后	0.352	0.377	89.50	0.343
婚姻	匹配前	0.951	0.914	0	匹配后	0.941	0.944	92.30	0.818
劳动合同	匹配前	0.706	0.323	0	匹配后	0.765	0.808	88.70	0.049

[①] 部分数据由于表格限制没有列出。匹配后的标准偏差几乎都在 -7%～7%，说明数据匹配质量较好。

续表

变量	样本	工会会员的各变量平均值	非工会会员的各变量平均值	p 值	样本	工会会员的各变量平均值	非工会会员的各变量平均值	偏差减少值/%	p 值
性别	匹配前	0.593	0.470	0	匹配后	0.593	0.553	67.20	0.129
民族	匹配前	0.928	0.912	0.053	匹配后	0.922	0.941	−14.80	0.167
户口	匹配前	0.108	0.585	0	匹配后	0.0750	0.0779	99.40	0.840
周工时	匹配前	29.53	28.63	0.316	匹配后	40.42	43.66	−260.2	0.002
工作自主性	匹配前	2.700	2.949	0	匹配后	2.670	2.696	89.60	0.580
公司人数	匹配前	1301	453.1	0	匹配后	1466	904.5	33.80	0.021
健康	匹配前	3.727	3.590	0	匹配后	3.938	3.984	66.10	0.340
经验	匹配前	20.91	14.22	0	匹配后	20.95	19.73	81.90	0.026
经验的平方	匹配前	547.4	311.4	0	匹配后	544.3	488.0	76.10	0.018
初中	匹配前	0.191	0.316	0	匹配后	0.133	0.115	86.10	0.329
高中	匹配前	0.174	0.121	0	匹配后	0.170	0.159	78.50	0.562
中专	匹配前	0.120	0.0561	0	匹配后	0.124	0.150	59.60	0.160
大专	匹配前	0.213	0.0565	0	匹配后	0.287	0.277	93.50	0.676
本科	匹配前	0.167	0.0440	0	匹配后	0.222	0.238	87	0.483
研究生	匹配前	0.0231	0.0047	0	匹配后	0.0289	0.0260	84.30	0.742
国有企业	匹配前	0.601	0.173	0	匹配后	0.635	0.638	99.30	0.911
私营企业	匹配前	0.210	0.608	0	匹配后	0.193	0.196	99.3	0.892
港澳台企业	匹配前	0.0065	0.0075	0.771	匹配后	0.0029	0	−186.2	0.157
外资企业	匹配前	0.0246	0.0142	0.046	匹配后	0.0245	0.0318	30.60	0.417
集体企业	匹配前	0.114	0.0614	0	匹配后	0.117	0.114	94.50	0.867
工作便利性	匹配前	3.838	4.077	0	匹配后	3.822	3.771	78.20	0.378
英语水平	匹配前	1.745	1.368	0	匹配后	1.964	2.003	89.70	0.443
东部沿海地区	匹配前	0.552	0.417	0	匹配后	0.593	0.589	96.80	0.870
中部内陆地区	匹配前	0.261	0.376	0	匹配后	0.231	0.254	79.90	0.316

样本	准 R^2	卡方检验统计量	大于卡方临界值的概率					中位数偏差	
原样本	0.307	939.5	0					26.80	
匹配后样本	0.0210	39.87	0.0680					4.300	

二、基于 PSM 估计的工会总体工资溢价的敏感性分析

PSM 是一种很好解决显性偏差的有效工具。根据平衡性检验，通过一定的配

对方法可以很好地将工会会员和非工会会员的个体差异进行较好的平衡，进而使得条件独立假设得到满足。但是这种方法的一大缺陷就是隐性偏差问题没有办法得到很好的解决，即存在着一些重要的遗漏变量，无法进行有效的控制和匹配。尤其是对于结果具有一定敏感性的变量无法被观察到，更是影响到最终匹配结果的可信程度。该方法的一个前提假设是：干预组和控制组都可以被一组共变项所完美解释，即选择性偏差是显性偏差，隐性偏差不大，可以忽略。所以为了考察ATT 的估计是否可信，还必须进行敏感性分析，即推测出可归因于隐性偏差的可能数值范围，结果如表 4-3 所示。

表 4-3　敏感性分析结果（配对成功 693 对）

Gamma	sig +	sig-	t-hat +	t-hat-	CI +	CI-
1	0	0	0.000 524	0.000 524	0.000 472	0.000 578
2	0	0	0.000 332	0.000 808	0.000 290	0.000 903
3	0	0	0.000 250	0.001 03	0.000 217	0.001 16
4	0	0	0.000 205	0.001 21	0.000 174	0.001 35
5	0	0	0.000 175	0.001 35	0.000 146	0.001 51
*	gamma			由不可观察变量而造成的 logodds		
sig +	—			上限的显著性水平		
sig-	—			下限的显著性水平		
t-hat +	—			上限的 Hodges-Lehmann 显著性水平		
t-hat-	—			下限的 Hodges-Lehmann 显著性水平		
CI +	—			上限的置信区间估计（$a = 0.95$）		
CI-	—			下限的置信区间估计（$a = 0.95$）		

对表 4-3 所示数据进行了三项隐性偏差的估计：从 1～5 的水平上，无论 Wilcoxon 符号秩检验，还是 Hodges-Lehmann 的点显著性检验等都证明是有意义的，并没有体现出其敏感性。这说明在 PSM 估计中，数据中隐性偏差可以忽略，基于倾向评估值匹配方法的估计结果是可信的。

第四节　工会会员与非工会会员工资差异的原因分析

一、资源禀赋的差异是导致工资差异的主要原因

通过对工会会员和非工会会员两个样本的平衡性检验结果进行分析可以发

现，工会会员和非工会会员在资源禀赋方面存在着很大的差异。例如，在学历方面，工会会员教育程度普遍高于非工会会员；工会会员所在的企业规模一般比非工会会员所在的企业规模要大；工会会员所在的企业大多集中在国有企业，而非工会会员所在的企业多集中在非国有企业。这些都是两个样本所具有的明显群体特征。而这些特征往往和工资水平存在着密切的联系，甚至是直接的决定作用。其中，这些因素要么通过人力资本来影响工资，要么通过工作特征来影响工资，要么通过歧视性工资或歧视性就业等间接地影响工资。所以，这些因素是造成工会会员和非工会会员工资差异的主要原因。

二、工会的工资溢价不明显

通过采用倾向值估计的方法，工会会员和非工会会员的工资差异不是很明显。在对样本进行配对之前，工会会员的工资对数要明显高于非工会会员的工资对数，而且在 1% 的水平下是显著的。在对两个样本进行配对比较后，工会会员的工资对数与非工会会员的工资对数几乎相当，在 10% 的水平下是不显著的，即工会会员和非工会会员的工资没有显著性的差别。

三、结果分析与进一步的研究

工会对工资的影响不是很大，这可以从两个方面来进行解释：第一，工会对工资的影响不仅反映在工会会员身上，还反映在非工会会员身上，即工会造成的工资水平提升同样适用于非工会会员，因为目前我国工会主要是通过劳动合同、集体劳动合同等来维权，其中集体合同适用于所有的协议覆盖下的劳动者；第二，工会首要任务不是提升工会会员的工资水平，而是更关注一种收入的公平性，以稳定社会。

2001 年的《中华人民共和国工会法》第六条规定，工会在维护全国人民总体利益的同时，维护职工的合法权益。即工会的职责或者说目标不单单是代表劳动者的权利，它还肩负着维护社会安定的重大任务。所以工会对工资的影响不能单一地从是否为工会会员来研究，而应该将其区分为工会覆盖而产生的工资溢价以及在工会覆盖下工会会员的工资溢价。要想进一步研究这两个问题，鉴于作者现有的数据，必须选择雇员雇主匹配数据。根据之前的试探性分析，雇员雇主匹配数据的平衡性不是很好，所以不能采用倾向值匹配方法进行估计。

倾向值匹配方法只是简单地研究了总体平均工资溢价的问题，没有考虑工会对于工资的具体影响，因为工会可能通过影响某些决定工资的变量间接地影响到工资，例如，工会可能通过影响劳动合同或集体合同的签订率来影响工资，或者通过影响劳动合同、集体合同的回报率来影响工资，也可能通过人力资本回报率等来影响工资，为了明确工会具体影响工资的路径以及影响的机制，还需要进一步对这些单变量进行研究。

第五章　工会覆盖效应下的工资溢价实证研究
——来自 2012 年雇员雇主匹配数据的经验

我国工会在劳动关系中一直以来都起着重要的作用。2001 年的《中华人民共和国工会法》第六条规定，工会在维护全国人民总体利益的同时，维护职工的合法权益。所以工会的职责不单单是代表劳动者的权利，它还肩负着维护社会安定的重大任务。其中劳动者的权益中至关重要的一个方面就是工资。在《中华人民共和国劳动合同法》中规定了工会在劳动关系中的重要作用，其中第四条第二款规定，用人单位在制定、修改或者决定有关劳动报酬、工作时间、休息休假、劳动安全卫生、保险福利、职工培训、劳动纪律以及劳动定额管理等直接涉及劳动者切身利益的规章制度或者重大事项时，应当经职工代表大会或者全体职工讨论，提出方案和意见，与工会或者职工代表平等协商确定。在这一条款中，明确规定了工会在涉及劳动切身利益时所拥有的协商权利。第四十三条规定，用人单位单方解除劳动合同，应当事先将理由通知工会。用人单位违反法律、行政法规规定或者劳动合同约定的，工会有权要求用人单位纠正。用人单位应当研究工会意见，并将结果书面通知工会。这一条款规定了工会在用人单位解除劳动合同时对劳动者的保护权利。用人单位在单方面与劳动者解除劳动合同的纠纷中，很大一部分原因是工资纠纷造成的，该条款赋予了工会在用人单位单方面解除中保护劳动者工资利益不受侵害的权利和职责。所以根据《中华人民共和国工会法》和《中华人民共和国劳动合同法》等的相关条款规定，工会对于劳动者的工资具有保护作用。

另外，从雇员雇主匹配数据来直观分析工会的工资溢价存在的可能性。如果工会覆盖的工资溢价存在，那么工会企业劳动者的平均工资和非工会企业劳动者的平均工资应该存在着显著性的差异。通过对这两组样本进行方差检验发现，工会企业劳动者工资水平方差与非工会企业劳动者的工资水平方差之比在 1%的水平下不存在显著性的差异（其中 F 值为 0.9745；不等于 1 的情况为 $2\Pr\ (F{<}f) = 0.6290$），即齐性方差，所以在对这两组样本进行均值检验时，采用方差齐性的 t 检验，见表 5-1。

表 5-1　工会企业劳动者和非工会企业劳动者小时工资对数方差齐性的均值检验

分组	观测值	平均值	标准误	标准误方差	95%的置信区间上下限	
非工会企业劳动者	1541	2.387	0.0145	0.571	2.358	2.415
工会企业劳动者	1268	2.553	0.0162	0.578	2.522	2.585

续表

分组	观测值	平均值	标准误	标准误方差	95%的置信区间上下限	
样本总体	2809	2.462	0.0109	0.580	2.440	2.483
差异		−0.167	0.0218		−0.210	−0.124

由表 5-1 可以看出，两样本之间的工资差距存在着显著性的差异，说明工会企业劳动者的工资水平与非工会企业劳动者的工资水平之间存在着显著性的差异。其中，工会企业劳动者的平均小时工资对数为 2.553，非工会企业劳动者的平均小时工资对数为 2.387，差异为 0.166，在 1%的显著性水平下，二者的差异非常显著，这说明工会企业劳动者和非工会企业劳动者的工资可能由于工会而产生差异。

另外，从企业层面的数据来看，应该也有类似的特点，如果在个体层面上存在着工会覆盖的工资溢价，那么在企业层面上也应该存在着工会覆盖的工资溢价。对企业层面的样本的人均工资进行方差检验，发现二者的方差不齐（其中 F 值为 0.6909；不等于 1 的情况为 2Pr（$F<f$）= 0.0149)，所以采用齐性方差条件下的均值检验。通过两样本的方差非齐性均值 t 检验，两个样本的人均工资差异并不显著，如表 5-2 所示。其中，工会企业劳动者的人均年工资对数为 10.23，非工会企业劳动者的人均年工资对数为 10.19，在 10%的水平下二者的差异并不明显。

表 5-2　工会企业和非工会企业人均年工资对数方差非齐性的均值检验

分组	观测值	平均值	标准误	标准误方差	95%的置信区间上下限	
非工会企业劳动者	187	10.19	0.0411	0.562	10.11	10.27
工会企业劳动者	163	10.23	0.0529	0.676	10.12	10.33
样本总体	350	10.21	0.0330	0.617	10.15	10.27
差异		−0.0350	0.0670		−0.167	0.0968

个体层面的数据和企业层面的数据在均值检验中存在着明显的不同，这并不能说二者存在矛盾，因为无论在个体层面还是在企业层面，有很多影响工资水平的变量，如个体层面的人力资本变量、工作特征变量等。企业层面上有企业的人才结构、职位结构、所处行业等决定着劳动者的工资等。所以，只有在控制了这些变量之后，才能够确定工会覆盖工资溢价的存在性。

第一节　工会覆盖工资溢价实证策略

一、研究方法、数据、变量选择

从个体层面研究工会覆盖的工资溢价问题时，结合中国工会的组建背景，没有必要采用控制个人选择性偏差的模型，首先因为劳动者在选择工作时，不会考虑其将要从事的工作所在的企业是否组建工会，不会因为企业是否有工会而进行自选择；其次，在劳动者进入企业后，他们一般情况下也左右不了企业是否组建工会，因为在我国，是否成立工会主要的推动者是政府，企业主在一定程度上也对企业是否建立工会具有一定的决定权。无论从哪个方面来说，企业是否组建工会不是员工的一种选择结果，可以将企业是否成立工会看做一个外生变量，而非一个内生变量。基于以上考虑，为本节的研究构建模型。

1. 模型的构建

劳动者的个体工资率受到很多因素的影响，如个人的生产率因素、工作特征、市场歧视、当地的物价生活水平以及其他因素。这些因素通常采用工作经历、教育水平、种族、宗教、地区等变量来代表。当然这些不是所有能够决定工资的变量，对于影响劳动力生产率的变量还有天生能力、一般和特殊的职业经历等，但这些变量往往由于缺乏相应的数据支持而被忽略。

当然，通常还会缺失一些关于劳动者对于工作特征评估的数据。例如，即使在工资水平比较低的情况下，劳动者也会接受具有较好工作特征的工作岗位。另外，劳动者和岗位不匹配，导致劳动者不能充分地发挥劳动者的能力，这种情况也会导致估计出现偏差。由于缺失这些数据，将构成回归方程中的误差项。

考虑到上述因素以及数据支持，可以构造工资函数表达式为

$$W_c = f(X, \mu)$$

其中，W_c 代表完全竞争情况下的工资；X 代表劳动者所受到的最高教育年限，工作自主性、工作便利等工作特征向量，诸如党员身份、户口类型、性别等个体变量以及地区等变量；μ 代表能够决定工资水平的各种不可观察变量。如果工会覆盖而产生的工资溢价是 d，那么工会企业员工的工资率可以表达为

$$W_u = (1 + d) f(X, \mu)$$

对于工会企业和非工会企业中劳动者的工资率可以表达为

$$W = (1 + d)^U f(X, \mu)$$

其中，如果样本中的个体所在的企业是工会企业，那么 $U = 1$，如果是非工会企业，那么 $U = 0$。对该方程两边取对数，可以得到

$$\ln W = U \ln(1+d) + \log f = \eta U + \ln f$$

根据以往对工会工资溢价研究常用的函数，即明瑟方程，可以将上述工资的方程具体为

$$\ln W = \alpha_0 + \eta U + \pi X + \mu \qquad (5\text{-}1)$$

2. 变量选择及数据描述

在雇员雇主调查数据中，包括了雇员所在企业是否组建工会的变量，这就给本节研究提供了数据上的可行性。具体而言，因变量是雇员的小时工资对数，解释变量为所在企业是否组建工会的 0-1 哑变量；其控制变量为未婚、党员、农业户口、汉族、男性人口统计变量；教育年限、经验、经验的平方、健康、英语水平等人力资本变量；工作沟通程度、基于绩效付酬程度、工作自主性、签订劳动合同、签订集体合同等工作特征变量；企业人数、企业利润、企业性质等企业特征变量；以及企业所处的行业、城市等控制变量。在进行实证分析之前对这些数据进行了试分析，发现如果完全把调查的行业变量、城市变量代入其中会产生较高的共线性，所以在数据处理部分，对行业进行了聚类分析，进而归结为六大类行业，根据城市等级划分为四类城市，分别将其作为控制变量纳入本节研究中。

表 5-3 是对工会企业和非工会企业所有变量的均值差异做出的统计性分析。总体样本中劳动者的平均小时工资对数为 2.443，工会企业劳动者的小时工资对数为 2.553，非工会企业劳动者的小时工资对数为 2.387，在 t 检验下非常显著，说明两个群体的小时工资对数存在着显著性的差异。为了分离出工会对工资影响，还必须控制影响到工资的其他变量，因为这些变量在工会企业和非工会企业的劳动者中存在着明显的差异。

表 5-3　工资方程中工会企业和非工会企业所有变量的描述性统计及均值差异检验

变量及变量分类	全体	非工会企业	工会企业	均值差异	t 统计量
小时工资对数	2.443	2.387	2.553	−0.167***	(−7.66)
集体合同	0.110	0.040 8	0.232	−0.191***	(−15.79)
劳动合同	0.751	0.641	0.933	−0.292***	(−19.58)
党员	0.113	0.0867	0.176	−0.089 0***	(−7.12)
未婚	0.333	0.322	0.281	0.040 4*	(2.32)
农村户口	0.415	0.456	0.278	0.177***	(9.84)
男性	0.458	0.454	0.470	−0.015 3	(−0.81)
汉族	0.977	0.975	0.982	−0.006 47	(−1.17)
教育年限	12.86	12.47	13.57	−1.099***	(−10.10)

续表

变量及变量分类	全体	非工会企业	工会企业	均值差异	t 统计量
经验	12.25	12.09	14.07	−1.976***	（−5.14）
经验的平方	251.0	249.6	299.8	−50.20***	（−3.49）
健康程度	3.091	3.128	3.035	0.092 8**	（3.23）
英语水平	1.788	1.690	1.933	−0.243***	（−8.28）
沟通	3.678	3.683	3.661	0.022 3	（0.62）
基于绩效付酬程度	3.534	3.525	3.526	−0.000 692	（−0.02）
工作自主性	3.494	3.496	3.484	0.012 6	（0.34）
公司人数	282.6	117.1	505.8	−388.7***	（−13.06）
公司人均利润	4.457	0.571	6.631	−6.060***	（−3.47）
国有企业	0.147	0.057 6	0.280	−0.222***	（−16.87）
集体企业	0.144	0.116	0.168	−0.052 0***	（−3.97）
私营企业	0.654	0.783	0.481	0.302***	（17.55）
港澳台企业	0.024 7	0.016 8	0.032 3	−0.015 5**	（−2.68）
外资企业	0.031 4	0.026 5	0.038 6	−0.012 1	（−1.81）
第一类城市	0.157	0.147	0.199	−0.051 7***	（−3.64）
第三类城市	0.141	0.132	0.170	−0.038 2**	（−2.83）
第二类城市	0.629	0.682	0.549	0.132***	（7.27）
第四类城市	0.073 2	0.039 5	0.082 0	−0.042 5***	（−4.79）
第一类行业	0.157	0.125	0.186	−0.061 1***	（−4.50）
第二类行业	0.009 81	0.015 5	0.000 788	0.014 7***	（4.16）
第三类行业	0.149	0.174	0.091 4	0.082 7***	（6.40）
第四类行业	0.088 9	0.059 5	0.118	−0.058 7***	（−5.55）
第五类行业	0.565	0.590	0.582	0.008 73	（0.47）
第六类行业	0.030 6	0.035 6	0.022 1	0.013 5*	（2.11）
N	2 814	1 545	1 269	2 814	

注：括号内数据为 t 统计量；*$p<0.05$；**$p<0.01$；***$p<0.001$

1）人口特征属性

工会企业和非工会企业的劳动者在人口特征属性上存在着显著性的差异。表 5-3 描述了工会企业劳动者和非工会企业劳动者不同的个体特征属性。首先，劳动者党员身份构成方面具有明显的不同，工会企业劳动者群体中党员比例达到17.6%，非工会企业劳动者党员比例只有 8.67%，二者具有显著性差异；具有农村户口的工会企业劳动者比例只有 27.8%，而非工会企业劳动者的农村户口比例达到 45.6%；在性别和民族属性上，二者没有明显的差异。根据中国背景，党员身份往往会给劳动者增加很多就业机会，也能够带来较为体面的工作，在收入上可以带来一定的优势；另外，户籍制度所带来的劳动力市场分割等后果也没有得到很好的解决；人口统计特征要素可以归为歧视因素，它并不是工会造成的工资差别。

2）人力资本

工会企业劳动者的教育年限和非工会企业劳动者的教育年限存在着显著性的差异，工会企业劳动者的平均教育年限为 13.57 年，显著性地比非工会企业劳动者的平均教育年限高出 1.1 年。工会企业劳动者的平均工作经验为 14.07，比非工会企业劳动者的工作经验平高出近 2 年。工会企业劳动者的英语水平熟练程度也明显偏高。从总体上讲，工会企业的人力资本含量要高于非工会企业，人力资本含量的差异也会解释工会企业和非工会企业的部分工资差异。在统计工会企业劳动者和非工会企业劳动者的平均工资差异时，不仅要考虑到劳动者所在企业是否组建工会，更要排除掉不同群体中由于教育程度等不同而产生的工资水平差异。

3）工作特征

工会企业的劳动者签订劳动合同和集体合同的比例要高出非工会企业的19.1%和29.2%；从工作的自主决策程度来看，工会企业劳动者的自主决策程度为3.484，而非工会企业劳动者的自主决策程度达到3.496，二者没有显著性的差异。另外，在沟通、绩效付酬、工作自主性等方面，工会企业劳动者和非工会企业劳动者也不存在显著性的差异。这说明工会企业和非工会企业在工作特征方面的最大差别在于是否签订劳动合同以及集体合同。劳动合同和集体合同对于保护劳动者的工资有着重要的作用，在某种程度可以提高劳动者的工资。而劳动合同和集体合同的签订以及对于工资的影响，又直接或间接地受到工会的影响。所以，工会很有可能会通过集体合同和劳动合同来影响工资，形成工资差异。

4）组织及行业特征

在劳动者所在的企业性质属性方面也存在着较大的群体性的差异。工会企业中的国有企业、集体企业比例显著高于非工会企业中的国有企业、集体企业比例，分别高出 22.2%、5.2%，工会企业中的私营企业比例显著低于非工会企业中的私营企业比例。在行业特征方面，工会企业中第一类行业和第四类行业所占的比例比非工会企业第一类行业和第四类行业企业所占比例分别高出 6.1%和 5.9%；非工会企业中第三类行业企业比例高于工会企业第三类行业企业比例。

二、最小二乘法和加权最小二乘法下的工会覆盖效应实证过程

1. 模型选择

为了考察工会对工资的影响，分别采用五种回归方程。①只考虑劳动者所

在企业是否组建工会哑变量。②中国不同行业的收入回报率存在着很大的差别，特别是国家政府垄断性行业，劳动者的收入相对比较高，加之中国存在着行业隔离现象，造成不同行业的工资差异明显，所以控制行业变量是必要的。企业性质在中国也是一个和工资相关的重要变量。由于中国的收入分配制度以及传统劳动力市场体制问题，中国的企业性质对于劳动者工资的影响有着很大的差别。同时，不同企业性质中的劳动者参与工会的概率存在着较大的差别，即不同性质企业中的工会密度明显不同。不同城市和地区，由于不同的消费水平，工资水平也存在着较大的差异。所以，为了获得工会的净工资溢价，在工会企业哑变量的基础上，将这些变量作为控制变量来进行处理。③由于存在着各种歧视因素，如性别歧视、户口歧视等，所以在②的基础上进一步加入像户口、性别、民族、党员等这些和生产率没有关系的人口特征变量。④劳动者工资主要决定于其生产力要素，而代表生产力要素的主要代理变量是教育程度以及劳动者参加工作的年限、健康等。这些对于劳动者工资有着正向的影响。所以，在③的基础上，进一步引入像教育经历、工作经验、健康、英语水平等人力资本含量的代理变量。⑤根据补偿性工资理论，劳动者的工资还受到劳动者工作特征的影响，所以在③的基础上，进一步引入工作自主性、基于绩效付酬程度、是否签订劳动合同与集体合同等变量；出于对企业层面因素的考虑，即企业的利润、企业的规模等都一并引入方程中。将这些变量都引入方程中，来考察工会覆盖的工资溢价问题。

2. 异方差检验

在回归方程中，如果出现异方差，那么就会影响到对于最佳线性估计量的估计。对于劳动者的收入，通过均值描述性分析可以知道，工会企业的收入水平明显高于非工会企业的工资水平，而在现实的经济问题中，一般高收入群体的工资收入差异较大，而较低工资收入群体的差异较小；所以在该模型中，为了能够对异方差进行检验，并且保证检验结果的可靠性，分别采用怀特检验和 BP 检验两种方法。怀特检验原假设为模型是同方差，备择假设为无约束的异方差。怀特检验结果显示，模型以 p 值为零的检验结果显著地拒绝了原假设。同时，怀特检验还对异方差的形式进行了检验，发现该异方差的偏斜程度（skewness）、峰度（kurtosis）在统计上也都是很显著的（表 5-4）。另外，为了增强检验结果的可靠性和一致性，采用了 BP 检验，无论采用小时工资对数的拟合值来解释异方差，还是采用回归方程中的解释变量来解释异方差，在 1% 的水平下检验结果都是显著的，说明该回归方程存在着异方差问题，所以在后面的实证研究中拟采用稳健标准差＋OLS 的方法来解决这一问题。

表 5-4　怀特的异方差显著性检验结果

怀特检验原假设：同方差
备择假设：无约束异方差
卡方自由度 312
拒绝原假设的风险是 0
IM 检验分解

来源	卡方	自由度	p
异方差	500.8	312	0
偏斜度	38.81	25	0.0385
峰度	8.44	1	0.0037
合计	548.05	338	0.0422

三、最小二乘法和加权最小二乘法下的工会覆盖效应实证结果

其实证结果见表 5-5，在模型（1）中，没有控制其他变量，只有劳动者所在企业是否组建工会这个哑变量与劳动者的小时工资对数进行回归，干预变量（是否为工会企业员工）的系数为 0.167，且在 1%的水平下非常显著。也就是说在该模型下，工会覆盖的工资溢价为 18.18%[①]，在模型（2）中，加入了地区、行业以及企业性质等控制变量之后，干预变量的系数变为 0.130，在 1%的水平下非常显著，说明工会覆盖的工资溢价仍然存在，只是在控制了这些变量之后，工会的工资溢价由 18.18%下降到 13.88%，从结果上看，工会覆盖的工资溢价明显下降，这说明工会企业和非工会企业的工资和地区、行业、企业性质有着密切的联系。在模型（3）中，进一步控制了诸如户口、党员、性别、民族等人口特征变量，干预变量的系数变为 0.0639，在 1%的水平下工会股改的工资溢价明显存在，只是工资溢价进一步下降，由 9.24%下降到 6.60%。在模型（4）中，通过进一步控制人力资本变量，工会覆盖的工资溢价消失，在 10%水平下已经不显著了。这说明人力资本变量解释了工会企业劳动者和非工会企业劳动者工资的差异性。在模型（5）中，在模型（3）的基础上加入了工作特征变量，工会覆盖的工资溢价只是出现了略微的下降，由 6.60%下降到了 5.38%，这说明工作特征变量对于工会覆盖的工资差异的解释力度没有人力资本那么显著。在模型（6）中，同时加入人力资本变量和工作特征变量后，工会覆盖的工资差异并不显著，和模型（4）的结论一致。在模

---

① 该计算公式推导过程如下：工会的工资溢价可以表示为 $d \equiv \dfrac{w^U - w^N}{w^N}$，其中，$d$ 表示工会会员和非工会会员之间的工资差距，w^U 和 w^N 表示工会会员和非工会会员的工资。对上式取对数，得到 $\ln(1+d) = \ln w^U - \ln w^N$，所以工会的工资溢价 $d = \exp(\ln w^U - \ln w^N) - 1$。所以该数值是根据 $\exp$（0.167）$-1 = 0.1818$ 得出的。

型（7）中，考虑了异方差问题，通过加权回归，得到的最终工会覆盖的工资溢价也不显著。这说明工会覆盖的工资溢价在控制了影响工资差异的变量后并不显著。

表 5-5　小时工资对数回归方程

模型	（1）	（2）	（3）	（4）	（5）	（6）	（7）
工会企业	0.167***	0.130***	0.107***	0.056 2***	0.014 6	0.016 8	0.016 8
	（0.021 8）	（0.019 8）	（0.019 8）	（0.019 2）	（0.020 6）	（0.021 4）	（0.022 1）
未婚			−0.034 8*	−0.068 0***	−0.065 6**	−0.076 2***	−0.076 2***
			（0.021 1）	（0.026 0）	（0.025 8）	（0.025 8）	（0.027 7）
党员			0.088 1***	0.009 96	0.009 09	0.025 0	0.025 0
			（0.029 1）	（0.028 6）	（0.028 4）	（0.028 5）	（0.031 9）
农业户口			−0.088 4***	0.017 8	0.015 9	0.008 47	0.008 47
			（0.020 8）	（0.021 6）	（0.021 6）	（0.021 8）	（0.021 5）
男性			0.145***	0.178***	0.178***	0.184***	0.184***
			（0.019 1）	（0.018 5）	（0.018 3）	（0.018 4）	（0.018 3）
汉族			−0.073 6	−0.083 9	−0.082 9	−0.084 0	−0.084 0
			（0.065 1）	（0.061 9）	（0.061 4）	（0.061 3）	（0.066 0）
教育年限				0.054 5***	0.049 3***	0.049 2***	0.049 2***
				（0.004 42）	（0.004 46）	（0.004 48）	（0.004 87）
经验				0.016 9***	0.015 1***	0.015 9***	0.015 9***
				（0.003 46）	（0.003 45）	（0.003 44）	（0.004 52）
经验的平方				−0.000 392***	−0.000 345***	−0.000 362***	−0.000 362***
				(8.31×10^{-5})	(8.28×10^{-5})	(8.28×10^{-5})	（0.000 124）
健康程度				0.030 4**	0.024 5**	0.023 7*	0.023 7*
				（0.012 3）	（0.012 2）	（0.012 3）	（0.012 1）
英语水平				0.059 7***	0.057 9***	0.061 7***	0.061 7***
				（0.015 1）	（0.015 0）	（0.015 0）	（0.015 6）
沟通					0.015 6	0.019 9*	0.019 9
					（0.011 7）	（0.011 7）	（0.012 3）
基于绩效付酬程度					0.028 3***	0.026 1**	0.026 1**
					（0.010 3）	（0.010 3）	（0.010 2）
工作自主性					0.013 4	0.011 0	0.011 0
					（0.011 5）	（0.011 5）	（0.011 4）
劳动合同					0.116***	0.106***	0.106***
					（0.024 4）	（0.024 5）	（0.024 7）
集体合同					0.067 6**	0.074 2***	0.074 2**
					（0.028 5）	（0.028 5）	（0.031 0）

续表

模型	（1）	（2）	（3）	（4）	（5）	（6）	（7）
公司人数						$4.93×10^{-5***}$	$4.93×10^{-5***}$
						$(1.28×10^{-5})$	$(1.30×10^{-5})$
公司人均利润						0.000 265	0.000 265**
						(0.000 206)	(0.000 115)
集体企业						0.182***	0.182***
						(0.034 4)	(0.038 0)
私营企业						0.139***	0.139***
						(0.028 0)	(0.027 7)
港澳台企业						0.334***	0.334***
						(0.065 4)	(0.048 2)
外资企业						0.433***	0.433***
						(0.056 1)	(0.069 0)
第三类城市		−0.647***	−0.638***	−0.551***	−0.506***	−0.480***	−0.480***
		(0.034 6)	(0.034 5)	(0.033 5)	(0.034 0)	(0.034 3)	(0.035 1)
第二类城市		−0.339***	−0.318***	−0.283***	−0.281***	−0.243***	−0.243***
		(0.027 2)	(0.027 2)	(0.026 0)	(0.025 9)	(0.026 4)	(0.027 4)
第四类城市		−0.586***	−0.577***	−0.530***	−0.528***	−0.518***	−0.518***
		(0.046 1)	(0.045 6)	(0.043 6)	(0.043 6)	(0.044 5)	(0.053 9)
第二种类型行业		0.014 9	0.038 0	0.013 9	0.017 2	−0.017 5	−0.017 5
		(0.105)	(0.104)	(0.098 6)	(0.097 8)	(0.098 2)	(0.160)
第三种类型行业		−0.555***	−0.540***	−0.383***	−0.381***	−0.341***	−0.341***
		(0.036 3)	(0.036 3)	(0.035 7)	(0.035 4)	(0.036 2)	(0.034 3)
第四种类型行业		−0.187***	−0.193***	−0.128***	−0.126***	−0.062 6	−0.062 6
		(0.041 2)	(0.040 7)	(0.038 9)	(0.038 6)	(0.039 2)	(0.042 8)
第五种类型行业		−0.375***	−0.369***	−0.264***	−0.270***	−0.253***	−0.253***
		(0.028 5)	(0.028 3)	(0.027 7)	(0.027 5)	(0.028 1)	(0.026 6)
第六种类型行业		−0.268***	−0.259***	−0.137**	−0.175***	−0.117**	−0.117*
		(0.061 6)	(0.060 7)	(0.058 1)	(0.057 8)	(0.057 8)	(0.063 3)
常数	2.387***	3.065***	3.093***	1.941***	1.750***	1.547***	1.547***
	(0.014 6)	(0.032 5)	(0.070 8)	(0.104)	(0.110)	(0.113)	(0.120)
F 值	58.75	96.38	70.34	73.87	61.90	53.13	48.97
样本数	2 809	2 809	2 809	2 806	2 806	2 753	2 753
R^2	0.020	0.237	0.261	0.335	0.348	0.369	0.369

注：括号内数据为标准误；*$p<0.1$；**$p<0.05$；***$p<0.01$

第二节　工会覆盖下工会作用的重要变量研究

一、工会通过各变量对工资产生影响的法律依据

1. 工会通过劳动合同对工资影响的依据分析

《中华人民共和国劳动合同法》第七十八条明确规定了工会的监督责任，工会依法维护劳动者的合法权益，对用人单位履行劳动合同、集体合同的情况进行监督。用人单位违反劳动法律、法规和劳动合同、集体合同的，工会有权提出意见或者要求纠正；劳动者申请仲裁、提起诉讼的，工会依法给予支持和帮助。《中华人民共和国劳动合同法》第七十三条第三款规定了有关劳动合同事项的三方性，县级以上各级人民政府劳动行政部门在劳动合同制度实施的监督管理工作中，应当听取工会、企业方面代表以及有关行业主管部门的意见。《中华人民共和国劳动合同法》第四十三条规定了工会对于用人单位单方面解除劳动合同的监督责任和建议权，用人单位单方解除劳动合同，应当事先将理由通知工会。用人单位违反法律、行政法规规定或者劳动合同约定的，工会有权要求用人单位纠正。用人单位应当研究工会的意见，并将处理结果书面通知工会。《中华人民共和国劳动合同法》第六条规定了工会在订立劳动合同时的帮助和指导权，工会应当帮助、指导劳动者与用人单位依法订立和履行劳动合同，并与用人单位建立集体协商机制，维护劳动者的合法权益。该条款规定了工会在劳动合同订立和履行过程中的帮助义务和指导权利。所以，从《中华人民共和国劳动合同法》的规定来看，工会对劳动合同的执行和实施具有多方面的监督责任。这就给工会通过劳动合同来提高劳动者工资提供了可能。

2. 工会通过集体合同对工资产生影响的依据分析

像劳动合同一样，集体合同也是保护劳动者权益的一种重要手段。为了防止用人单位不与劳动者签订劳动合同，或者不顾及劳动者最基本的劳动权益而违法签订劳动合同，我国规定了用人单位应该与工会或者劳动者组织协商而形成集体合同。集体合同在法律效力上要高于个体劳动合同，其规定的劳动者权益要明显低于个体劳动合同，它是劳动者所应该享有的最基本权利的底线。所以如果劳动者的个体劳动合同所规定的的权利低于集体合同，视为无效条款，按照集体合同的相应条款执行；如果用人单位在没有和劳动者签订劳动合同，应该比较同工同酬或者集体合同的相关规定来执行。所以，从集体合同的法律地位上来看，通过集体协商而产生的集体合同对于劳动者权益应该具有明显的保护作用，尤其是工资，在国家推出集体协商后更使得集体劳动合同对于维护劳动者工资起着基础性的作用。

　　我国的集体合同制度长期以来得到了不断的完善，尤其是在 20 世纪 90 年代以来，我国出台了很多完善集体合同制度的法律。其中，1993 的《中国工会章程》第二十条第三款规定，与企业、事业单位行政方面建立协商制度，协商解决涉及职工切身利益问题。在 2013 年对《中国工会章程》进行了修订，第二十八条第三款规定，参与协调劳动关系和调解劳动争议，与企业、事业单位行政方面建立协商制度，协商解决涉及职工切身利益问题。帮助和指导职工与企业、事业单位行政方面签订和履行劳动合同，代表职工与企业、事业单位行政方面签订集体合同或者其他专项协议，并监督执行。1995 年生效的《中华人民共和国劳动法》将劳动合同和集体合同并列放在第三章中，具体规定了集体合同的签订主体以及集体合同的法律效力等，进一步规范了集体合同制度。2000 年，劳动和社会保障部颁布《工资集体协商试行办法》，具体规定了工资集体协商的程序等；2001 年修改的《中华人民共和国工会法》将集体合同制度进一步规范化，2004 年劳动和社会保障部为进一步规范集体协商和签订集体合同行为出台了《集体合同规定》。

　　2008 年实施的《中华人民共和国劳动合同法》明确规定了工会在集体协商中的重要地位。其中，第六条进一步明确了工会的集体协商权利，工会应当帮助、指导劳动者与用人单位依法订立和履行劳动合同，并与用人单位建立集体协商机制，维护劳动者的合法权益。第五条明确规定了三方协商制度，县级以上人民政府劳动行政部门会同工会和企业方面代表，建立健全协调劳动关系三方机制，共同研究解决有关劳动关系的重大问题。所以，工会在集体协商中的地位在法律上得到反复的强调，这对于工会通过集体协商而成的集体合同对劳动者工资产生影响提供了法律上的支持。

二、工会通过各变量对工资产生影响的数据依据

1. 工会通过劳动合同对工资产生影响的数据分析

　　从表 5-3 中可以看出，调查样本中工会企业的劳动者为 1269 个，其中劳动合同签订率达到 93.3%，非工会企业劳动者为 1545 个，其中劳动合同的签订率达到 64.1%。工会企业劳动者的平均小时工资对数为 2.553，非工会企业劳动者的平均小时工资对数为 2.387，所以，非工会企业劳动者的小时工资对数明显低于工会企业劳动者的小时工资对数。从这两组数据的对比中不难发现，工会企业的劳动合同的签订率要明显高于非工会企业，同时，工会企业劳动者的工资明显高于非工会企业劳动者，这可能是由于工会通过积极监督用人单位签订劳动合同来保护劳动者的合法权益，进而保护工会企业劳动者的工资率。

　　为了进一步明确工会通过劳动合同对于工资水平可能产生影响，必须要弄清楚两个问题：第一，工会企业中没有签订劳动合同的劳动者工资水平与非工会企

业没有签订劳动合同的劳动者工资水平之间是否存在差异？第二，工会企业中签订劳动合同的劳动者与非工会企业中签订劳动合同的劳动者之间是否存在着明显的工资差异？本节主要将样本按照是否组建工会、是否签订劳动合同两个维度来进行分组，并考察工会通过劳动合同对工资水平的影响。

首先，研究工会企业和非工会企业中没有签订劳动合同的劳动者工资之间工资是否存在着显著性的差异。通过对这两组样本进行方差检验，发现工会企业和非工会企业中签订劳动合同的劳动者工资水平方差比存在着显著性的差异，在 1% 的水平下表现地非常显著（其中 F 值为 0.586；不等于 1 的情况为 $2\Pr(F<f)=0.05\%$），所以，在对这两组样本进行均值检验时，采用方差非齐性的 t 检验。

通过两样本的方差非齐性均值 t 检验结果可以看出，该两样本之间的工资差距不存在显著性的差异，说明工会企业中未签订劳动合同的劳动者平均工资水平与工会企业中未签订劳动合同的劳动者工资水平差距不明显。其中，工会企业中未签订劳动合同的劳动者平均小时工资对数为 2.251，非工会企业中签订劳动合同的劳动者的平均小时工资对数为 2.167（表 5-6），在 10% 的水平下，二者的差异不明显。

表 5-6　工会企业和非工会企业未签订合同的劳动者小时工资对数方差非齐性均值 t 检验

分组	观测值	平均值	标准误	标准误方差	95%的置信区间	
非工会劳动者	551	2.167	0.0226	0.532	2.122	2.211
工会劳动者	85	2.251	0.0753	0.694	2.102	2.401
总体样本	636	2.178	0.0221	0.556	2.135	2.221
差异		−0.0847	0.0648		−0.212	0.0425

其次，研究工会企业和非工会企业中签订劳动合同的劳动者工资之间工资是否存在显著性的差异。通过对这两组样本进行方差检验，发现工会企业和非工会企业中签订劳动合同的劳动者工资水平方差不存在显著性的差异，即齐方差（其中方差比检验中 F 值为 0.972，方差比不等于 1 的概率为 $2\Pr(F<f)=0.644$），所以，在对这两组样本进行均值检验时，采用方差齐性的 t 检验。

通过两样本的方差齐性均值 t 检验结果可以看出，该两群体之间的工资差距存在显著性的差异，说明工会企业中签订劳动合同的劳动者平均工资水平与非工会企业中签订劳动合同的劳动者工资水平之间存在显著性的差异。其中，工会企业中签订劳动合同的劳动者平均小时工资对数为 2.575，非工会企业中签订劳动合同的劳动者平均小时工资对数为 2.509（表 5-7），在 1% 的水平下，二者的差异非常显著。且非工会企业中签订劳动合同的劳动者工资水平显著低于工会企业中签订劳动合同的劳动者工资水平。这说明工会可能通过监督劳动合同的签订、执行等提高了劳动合同对于劳动者工资的保护。

表 5-7　工会企业和非工会企业签订合同的劳动者小时工资对数方差齐性均值 *t* 检验

分组	观测值	平均值	标准误	标准误方差	95%的置信区间	
非工会劳动者	990	2.509	0.0176	0.555	2.474	2.543
工会劳动者	1183	2.575	0.0164	0.563	2.543	2.607
总体样本	2173	2.545	0.0120	0.560	2.521	2.568
差异		−0.0662	0.0241		−0.113	−0.0190

另外，签订劳动合同的劳动者在个人特征以及人力资本特征等方面也存在着明显的差异。例如，在样本中，签订劳动合同的劳动者的平均教育年限为 13.57 年，没有签订劳动合同的劳动者平均教育年限为 12.47 年（表 5-3），所以，虽然劳动合同对于工资有着正向的影响，但是其中这种影响可能很大程度上是由这两个群体的受教育程度的差别所致。另外，在工作特征方面也可能存在着明显的差异。为了证明工会通过劳动合同这种作用机制对工资水平产生影响，必须首先说明两个问题：工会可以提高劳动合同的签订倾向；劳动合同的签订可以提高工资率。后面采用 Blinder-Oaxaca 分解的方法对这两个问题进行研究。

2. 工会通过集体合同对工资产生影响的数据分析

集体合同本身对于工资水平的提高具有一定的作用，另外，通过工会签订的集体合同可能进一步增强集体合同对于工资保护作用。

所以为了进一步明确工会通过集体合同对工资水平可能产生的影响，必须要弄清楚两个问题：第一，非工会企业中签订集体合同的劳动者工资水平与没有签订集体合同的劳动者工资水平之间是否存在差异？第二，工会企业中签订集体合同的劳动者与没有签订集体合同的劳动者之间是否存在明显的工资差异？第一个问题从均值检验的角度描述了在没有工会干预的情况下集体合同对于工资水平的影响。第二个问题验证工会通过集体合同对于工资水平的影响是否存在。

首先，研究非工会企业中签订集体合同的劳动者工资水平与没有签订集体合同的劳动者工资水平之间是否存在显著性的差异。通过对这两组样本进行方差检验，发现非工会企业中签订集体合同的劳动者工资水平方差与没有签订集体合同的劳动者工资方差之比存在显著性的差异，在 1%的水平下表现得非常显著（其中 F 值为 0.7041；不等于 1 的情况为 $2\Pr(F < f) = 0.0379$），即非齐性方差，所以在对这两组样本进行均值检验时，采用方差非齐性的 *t* 检验。

通过两样本的方差非齐性均值 t 检验结果可以看出,该两样本之间的工资差距不存在显著性的差异,说明非工会企业中没有签订集体合同的劳动者平均工资水平与签订集体合同的劳动者工资水平差距不明显。其中,没有签订集体合同的劳动者平均小时工资对数为 2.385,非工会企业中签订集体合同的劳动者平均小时工资对数为 2.428(表 5-8),在 10%的水平下,二者的差异不明显。这说明在没有工会干预的情况下,集体合同对于工资可能没有影响。

表 5-8　非工会企业中签订集体合同和没有签订集体合同的劳动者小时工资对数方差非齐性均值 t 检验

分组	观测值	平均值	标准误	标准误方差	95%的置信区间	
没有签订集体合同	1478	2.385	0.0147	0.566	2.356	2.414
签订集体合同	63	2.428	0.0850	0.675	2.258	2.597
总体样本	1541	2.387	0.0145	0.571	2.358	2.415
差异		−0.0427	0.0863		−0.215	0.130

其次,研究工会企业中签订集体合同和没有签订集体合同劳动者之间工资是否存在显著性的差异。通过对这两组样本进行方差检验,发现签订集体合同和没有签订集体合同的劳动者工资水平方差不存在着显著性的差异,即齐方差(其中方差比检验中 F 值为 1.0575,方差比不等于 1 的概率为 $2\text{Pr}\,(F<f) = 0.567$),所以,在对这两组样本进行均值检验时,采用方差齐性的 t 检验。

通过两样本的方差齐性均值 t 检验结果可以看出,该两样本之间的工资差距存在着显著性的差异,说明工会企业中签订集体合同和没有签订集体合同的劳动者的平均工资水平存在着显著性的差异。其中,工会企业中签订集体合同的劳动者平均小时工资对数为 2.615,非工会企业中签订集体合同的劳动者平均小时工资对数为 2.535(表 5-9),在 5%的水平下,二者的差异非常显著。且工会企业中没有签订集体合同的劳动者工资水平显著低于签订集体合同的劳动者的工资水平。这说明工会可能通过监督集体合同的签订、执行等提高了劳动合同对于劳动者工资的保护程度。所以,工会可能通过集体合同对工资产生了影响。

表 5-9　工会企业中签订集体合同和没有签订集体合同劳动者小时工资对数方差齐性均值 t 检验

分组	观测值	平均值	标准误	标准误方差	95%的置信区间	
没有签订集体合同	974	2.535	0.018 6	0.581	2.498	2.571
签订集体合同	294	2.615	0.033 0	0.565	2.550	2.680
总体样本	1268	2.553	0.016 2	0.578	2.522	2.585
差异		−0.079 8	0.038 4		−0.155	−0.004 45

　　像劳动合同变量一样，签订集体合同的劳动者在个人特征以及人力资本特征等方面也存在着明显的差异。所以，为了研究工会通过集体合同这种作用机制对工资水平的影响，必须对其他可能影响工资的变量加以控制。

第三节　工会覆盖视角下工会作用变量分解的实证分析

一、工会覆盖效应的变量分解研究方法、数据及变量

1. 方法

1）回归估计

根据以往的研究方法，工会企业劳动者和非工会企业劳动者的明瑟工资回归方程为

$$\ln W_u = X_u \beta_u + \mu_u$$
$$\ln W_n = X_n \beta_n + \mu_n$$

其中，W_u、W_n 分别代表工会企业劳动者和非工会企业劳动者的小时工资；X_u、X_n 分别代表工会企业劳动者和非工会企业劳动者的资源禀赋等向量，即能够影响工资水平的重要变量；β_u、β_n 分别代表工会企业劳动者和非工会企业劳动者的资源禀赋的价格向量；μ_u、μ_n 代表残差项。

　　由于工资收入等式可能存在着异方差，这里分别采用 OLS 与 GLM（generalized linear model，广义线性模型）两种方法进行估计。

2）Blinder-Oaxaca 分解方法

根据 Blinder（1973）和 Oaxaca（1973）的分解方法，将工会企业劳动者和非工会企业劳动者的工资差别分解为两部分：一部分为由个人特征等资源禀赋的差异造成的；另一部分是由工会的工资政策对劳动者各个属的市场价格扭曲造成的。

$$
\begin{aligned}
& \ln \bar{W}_u - \ln \bar{W}_n \\
& = \bar{X}_u \hat{\beta}_u - \bar{X}_n \hat{\beta}_n \\
& = (\hat{\beta}_u - \hat{\beta}_n) \bar{X}_u' + (\bar{X}_u - \bar{X}_n)' \hat{\beta}_n
\end{aligned}
\tag{5-2}
$$

　　虽然很多学者比较关注工会企业劳动者和非工会企业劳动者的工资差异，但是他们往往将其分为可解释部分和不可解释部分，进而将不可解释部分归结为工会的工资溢价，并没有从单个变量来研究可解释部分和不可解释部分，单个变量的贡献或某一类变量的贡献也应该属于我们关注的焦点。例如，通过对单变量的考察，可以发现工会企业劳动者和非工会企业劳动者的工资差异在多大程度上可

以归结为教育的贡献，或者在多大程度上是由经验的不同造成的。同样，通过对单变量的考察，也可以获知不可解释部分在多大程度上与教育回报率相关或者与工作经验的回报率相关。

识别单个变量对可解释部分的贡献是比较简单的，因为工资差异中可解释部分是通过单个变量的贡献分别相加而成的，即

$$\exp\hat{\text{l}}\text{ain} = (\bar{X}_u - \bar{X}_n)'\hat{\beta}_u = (\bar{X}_{1u} - \bar{X}_{1n})\hat{\beta}_{1u} + (\bar{X}_{2u} - \bar{X}_{2n})\hat{\beta}_{2u} + \cdots \quad (5\text{-}3)$$

其中，$\bar{X}_1, \bar{X}_2, \cdots$ 表示单个解释变量的平均值；$\hat{\beta}_1, \hat{\beta}_2, \cdots$ 表示与解释变量相对应的系数。第一个被加项表示由于 $\bar{X}_1$ 的群体性差异而形成的贡献值，第二个被加项表示由于 $\bar{X}_2$ 的群体性差异而形成的贡献值，依次类推。

同样，单个变量对于不可解释部分的贡献可以表达为

$$\text{un}\exp\hat{\text{l}}\text{ain} = X_u'(\hat{\beta}_u - \hat{\beta}_n) = X_{1n}'(\hat{\beta}_{1u} - \hat{\beta}_{1n}) + X_{2n}'(\hat{\beta}_{1u} - \hat{\beta}_{1n}) + \cdots \quad (5\text{-}4)$$

在对可观察的变量的不可解释部分进行分解时，跟可解释部分的分解不同，如果存在哑变量或离散变量，那么它们的回归系数会随着设定基准哑变量而变化，所以这些哑变量系数对不可解释部分来说是变化的，它取决于所选定的基准变量。为了不失一般性，假设只有一个解释变量的简单模型为

$$Y_e = \beta_{0e} + \beta_{1e}Z_e + \xi_e, \quad \xi_e \in \{u, n\} \quad (5\text{-}5)$$

不可解释部分可以分解为

$$\text{un}\exp\hat{\text{l}}\text{ain} = (\hat{\beta}_{0u} - \hat{\beta}_{0n}) + (\hat{\beta}_{1u} - \hat{\beta}_{1n})_{1u}\bar{Z}_n \quad (5\text{-}6)$$

第一个被加项是不可解释部分中的一部分，它是由"组成员"造成的，第二个被加项是由 Z 属性的回报率不同而造成的。假设 Z 的零点通过加上一个常数 a 而发生变化，那么这种变换效应对于分解结果产生的影响为

$$\text{un}\exp\hat{\text{l}}\text{ain} = [(\hat{\beta}_{0u} - a\hat{\beta}_{1u}) - (\hat{\beta}_{0n} - a\hat{\beta}_{1n})] + (\hat{\beta}_{1u} - \hat{\beta}_{1n})(\bar{Z}_n + a) \quad (5\text{-}7)$$

很显然，这种转换改变了分解结果，$a(\hat{\beta}_{1u} - \hat{\beta}_{1n})$ 就会由于两个群体之间的斜率系数不同而从"组成员"部分分离出来。结论就是对于不可解释部分的单变量分解结果仅仅对于有自然零点的变量有意义。

一个相关的问题就是很多文献关注分类变量的分解结果往往取决于所选择的删失基准变量。分类变量的效应往往在回归方程中通过构建 0-1 变量来预测，在回归中往往会有一个分类变量的值被删失作为基准类以避免共线性问题的出现。很显然，对于 0-1 变量的分解结果往往取决于所选择的的基准类，因为相对于基准类来说，其他类别的系数是不一样的。如果基准类别发生变化，那么分解的结果也会发生变化。

对于可解释部分，分类变量的问题并不是很明显，因为单个预测变量的贡献之和，即类别变量总体贡献不会受到所选择的基准类别的影响。对于不可解释部分，就会在"组成员"部分（截距的差异）和斜率系数的差异之间进行取舍。对

于不可解释部分，如果改变了基准类，不但会改变单个哑变量的结果，还会改变整体该类别变量的贡献值。

这种问题由 Gardeazabal 和 Ugidos（2004）、Yun（2005）进行了解决。他们的方法就是把类别变量的系数加总后设定为零。

假设：

$$Y = \beta_0 + \beta_1 D_1 + \cdots + \beta_{k-1} D_{k-1} + \xi \qquad (5\text{-}8)$$

其中，β_0表示截距；$D_j (j = 1, 2, \cdots, k-1)$表示某一个类别变量有 k 类。同样，上面的模型可以表达为

$$Y = \beta_0 + \beta_1 D_1 + \cdots + \beta_{k-1} D_{k-1} + \beta_k D_k + \xi \qquad (5\text{-}9)$$

其中，β_k被约束为零。那么有

$$c = (\beta_1 + \cdots + \beta_k) / k \qquad (5\text{-}10)$$

并且定义

$$\tilde{\beta}_0 = \beta_0 + c, \quad \tilde{\beta}_j = \beta_j - c, \quad j = 1, \cdots, k$$

那么

$$Y = \tilde{\beta}_0 + \tilde{\beta}_1 D_1 + \cdots + \tilde{\beta}_{k-1} D_{k-1} + \tilde{\beta}_k D_k + \xi, \quad \sum_{1}^{k} \tilde{\beta}_j = 0 \qquad (5\text{-}11)$$

所以，上述模型的变形在数学上和没有变形的模型是等价的。两个模型最终会产生相同的预测值。这种方法同样可以运用在分类变量和连续变量的交叉项中。

2. 数据、变量

在 Blinder-Oaxaca 分解方法中，如果存在虚拟变量，那么分解的结果可能出现较大的差异，因为虚拟变量所设置的基准变量或参考基准不同，在明瑟工资回归方程中的各变量系数就会不同，最终导致后面的分解结果出现差异。所以，在数据处理方面必须要克服这个缺点才能够解决上述问题。本节为了使分解结果更加稳定，采用虚拟变量组合的方式。同样，这种对变量组合的方式不但可以用在虚拟变量中，也可以用在连续变量中，将属于某一类型的变量组合在一起。为了了解工会通过各个变量以及各类变量对于工资的影响，本节主要将人口统计变量、人力资本变量、工作特征变量、企业性质变量、城市变量、行业变量等组合进行分解。

二、工会企业和非工会企业工资影响因素实证结果

1. 人力资本因素

1）教育年限

对样本中所有工会企业劳动者和非工会企业劳动者的人力资本与小时工资对数进行回归，明显发现人力资本含量在两个群体中对工资对数的影响程度存在较

大的差别。采用最小二乘法估计，工会企业劳动者和非工会企业劳动者的教育投资回报率为 5.60%和 4.44%；在加权最小二乘法估计下，二者的教育投资回报率分别为 5.56%和 4.27%（表 5-10），这说明随着学历的提升，劳动者的工资水平在不断地提高，这与人力资本投资理论预期完全一致。很明显，工会企业劳动者的教育回报率要高于非工会企业劳动者的教育回报率，这意味着相对于非工会企业，工会企业劳动者在教育回报率方面会扩大与非工会企业劳动者的工资差距，只不过这种作用的影响力是否显著，有待后面的 Blinder-Oaxaca 分解进一步通过 Z 值进行检验。

表 5-10　工会企业劳动者和非工会企业劳动者的小时工资对数方程的 OLS、GLS 回归结果

变量	（1） OLS 工会企业	（2） OLS 非工会企业	（3） GLS 工会企业	（4） GLS 非工会企业
未婚	-0.109^{**}	$-0.054\,2^{*}$	-0.110^{***}	$-0.058\,4^{***}$
	(0.042 4)	(0.032 4)	(0.019 2)	(0.016 6)
党员	0.030 9	0.013 5	$0.034\,9^{**}$	0.001 48
	(0.038 1)	(0.043 8)	(0.017 1)	(0.023 3)
农业户口	$-0.017\,9$	0.012 5	$-0.013\,1$	0.005 92
	(0.035 6)	(0.027 7)	(0.016 0)	(0.014 1)
男性	0.136^{***}	0.224^{***}	0.130^{***}	0.227^{***}
	(0.028 0)	(0.024 3)	(0.012 6)	(0.012 4)
汉族	$-0.032\,5$	-0.102	$-0.047\,4$	$-0.094\,4^{**}$
	(0.101)	(0.076 1)	(0.046 0)	(0.040 2)
教育年限	$0.056\,0^{***}$	$0.044\,4^{***}$	$0.055\,6^{***}$	$0.042\,7^{***}$
	(0.007 58)	(0.005 55)	(0.003 45)	(0.002 69)
经验	0.008 49	$0.019\,9^{***}$	$0.006\,76^{**}$	$0.016\,8^{***}$
	(0.005 90)	(0.004 25)	(0.002 67)	(0.002 10)
经验的平方	$-0.000\,168$	$-0.000\,450^{***}$	$-0.000\,114^{*}$	$-0.000\,384^{***}$
	(0.000 147)	(0.000 100)	(6.62×10^{-5})	(4.86×10^{-5})
健康程度	$0.046\,9^{**}$	0.009 32	$0.050\,1^{***}$	$0.014\,2^{*}$
	(0.018 8)	(0.016 2)	(0.008 46)	(0.008 29)
英语水平	$0.058\,1^{***}$	$0.055\,6^{***}$	$0.055\,4^{***}$	$0.048\,8^{***}$
	(0.021 8)	(0.020 9)	(0.009 88)	(0.010 8)
沟通	0.015 6	0.025 2	0.013 1	$0.024\,3^{***}$
	(0.018 0)	(0.015 4)	(0.008 16)	(0.007 66)
基于绩效付酬程度	$0.041\,2^{**}$	0.014 0	$0.041\,6^{***}$	$0.019\,3^{***}$
	(0.016 1)	(0.013 2)	(0.007 25)	(0.006 69)

续表

变量	（1） 工会企业	（2） OLS 非工会企业	（3） 工会企业	（4） GLS 非工会企业
工作自主性	0.010 8	0.014 0	0.012 3	0.013 8*
	（0.017 1）	（0.015 4）	（0.007 72）	（0.007 69）
劳动合同	0.142**	0.101***	0.136***	0.099 3***
	（0.056 2）	（0.027 5）	（0.025 5）	（0.013 8）
集体合同	0.099 3***	−0.004 85	0.086 8***	−0.025 4
	（0.034 1）	（0.059 4）	（0.015 2）	（0.030 7）
公司人数	2.36×10^{-5}	0.000 425***	$2.79 \times 10^{-5***}$	0.000 424***
	（1.47×10^{-5}）	（6.05×10^{-5}）	（7.21×10^{-5}）	（3.37×10^{-5}）
公司人均利润	0.000 303	0.017 7**	0.000 272***	0.018 6***
	（0.000 219）	（0.007 95）	（9.61×10^{-5}）	（0.004 19）
集体企业	0.179***	0.051 6	0.175***	0.056 8*
	（0.045 4）	（0.063 2）	（0.020 5）	（0.032 0）
私营企业	0.121***	0.156***	0.117***	0.160***
	（0.035 7）	（0.052 2）	（0.016 1）	（0.026 4）
港澳台企业	0.435***	0.250**	0.454***	0.268***
	（0.090 7）	（0.102）	（0.042 2）	（0.056 2）
外资企业	0.383***	0.446***	0.373***	0.384***
	（0.077 5）	（0.089 1）	（0.036 2）	（0.049 4）
第三类城市	−0.436***	−0.506***	−0.433***	−0.508***
	（0.050 3）	（0.049 1）	（0.022 7）	（0.025 1）
第二类城市	−0.240***	−0.245***	−0.234***	−0.242***
	（0.038 8）	（0.036 9）	（0.017 5）	（0.020 1）
第四类城市	−0.498***	−0.637***	−0.486***	−0.610***
	（0.060 6）	（0.067 5）	（0.027 3）	（0.033 6）
第二种类型行业	0.361	−0.301***	0.351	−0.365***
	（0.483）	（0.109）	（0.242）	（0.059 0）
第三种类型行业	−0.263***	−0.375***	−0.257***	−0.377***
	（0.057 0）	（0.049 7）	（0.025 6）	（0.026 3）
第四种类型行业	0.014 6	−0.181***	0.013 2	−0.187***
	（0.051 9）	（0.062 1）	（0.023 4）	（0.033 2）
第五种类型行业	−0.231***	−0.272***	−0.226***	−0.271***
	（0.039 3）	（0.041 6）	（0.017 7）	（0.022 9）
第六种类型行业	−0.134	−0.123*	−0.123***	−0.111***
	（0.101）	（0.073 2）	（0.044 7）	（0.039 4）

续表

变量	（1） 工会企业	（2） OLS 非工会企业	（3） 工会企业	（4） GLS 非工会企业
常数	1.345***	1.636***	1.373***	1.650***
	（0.194）	（0.149）	（0.088 4）	（0.075 5）
BP 检验的卡方值	231.84	231.77		
	0.000	0.000		
F 值	22.67	33.06		
卡方值			2 650.49	3 447.25
样本数	1 246	1 507	1 246	1 507
R^2	0.351	0.394		

注：括号内数据为标准误；*$p<0.1$；**$p<0.05$；***$p<0.01$

2）经验

在 OLS 估计下，工会企业劳动者的经验对于工资没有显著性的影响，非工会企业中经验一次方对劳动者的工资存在正向影响，二次项对工资存在负向影响，并且经验在非工会企业中对劳动者工资存在显著性的影响，这与人力资本理论的预测完全一致。在 GLS 估计下，经验在工会企业和非工会企业中对劳动者的工资都存在显著性的影响，且都完全与人力资本理论预测相一致。在 GLS 估计下，工会企业中经验一次项的回报率为 0.68%，二次项的回报率为-0.0144%；非工会企业中经验一次项的回报率为 1.68%，二次项的回报率为-0.0384%。

根据 GLS 回归结果与年龄进行直方图拟合（图 5-1），明显发现工会企业劳动者和非工会企业劳动者达到最高点的年限存在差异。工会企业劳动者的工资经过

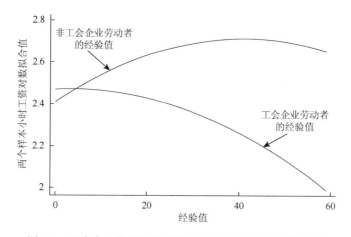

图 5-1 工会企业劳动者和非工会企业劳动者经验回报路径

短暂的上升，随着工作年龄的增加，经验的回报率在不断地降低；而在非工会企业中，劳动者的经验回报率在不断增加。

从图 5-1 可以看出，两个样本中经验的回报时间路径的不同，造成两个样本中不同劳动者之间的工资差距也不同。随着经验的增长，工会企业劳动者经验回报率在不断地降低，而非工会企业中经验的回报率在不断地增加。所以，由于经验回报率的差异，工会企业劳动者和非工会企业劳动者在年轻时段，工资差异较小，然而随着年龄的增加，工资差异增大。

2. 人口统计变量

在 OLS 估计之下，工会企业中男性工资比女性工资平均高出 13.6%，非工会企业中，男性工资比女性工资平均高出 22.4%，这说明工会在缩小性别工资歧视方面具有积极性的作用。工会可以减缓或消除性别工资歧视可以从《中华人民共和国劳动法》或者《中华人民共和国劳动合同法》等相关的法律法规中找到依据。因为《中华人民共和国劳动法》，尤其是《中华人民共和国劳动合同法》赋予了工会更多的劳动者权益的监督权，在保护劳动者合法权益中发挥着越来越重要的作用。另外，《中华人民共和国劳动法》第十二条明确规定禁止就业歧视，第十三条再次规定男女就业平等权利，以及第四十六条规定了劳动者同工同酬权利等。所以，工会在监督企业劳动法律法规执行过程中，无疑会对性别工资歧视的减弱起到积极的作用。

3. 工作特征

1）劳动合同与集体合同

在 GLS 估计下，工会企业中劳动合同和集体合同对于工资的贡献分别为 13.6%、8.68%，非工会企业中劳动合同和集体合同对工资的贡献分别为 9.93% 和不明显。从数据上看，工会企业中由于签订劳动合同与集体合同对于劳动者工资回报相对较高，这种情况可能是由两个方面造成的：一方面，工会企业由于提高了劳动合同和集体合同的签订率，从而提高了该部门平均小时工资率，使得劳动合同对小时工资对数回归中系数变大；另一方面，由于工会的作用，工会企业中签订劳动合同和集体合同的工资普遍比非工会企业中签订劳动合同和集体合同的工资要高。至于哪一种作用更为明显，这还有待后面对这两种作用进行分离。

2）企业利润和企业规模

在 OLS 估计下，企业利润和企业规模在工会部门中对于劳动者的工资没有显著性的影响，但是在非工会企业中，二者对工资都有着显著性的影响。在纠正了异方差问题后，企业利润和企业规模对工资的影响变得显著，且通过回归系数比较发现，二者在非工会企业中对工资的正向影响程度要明显高于工会企业。工会企业和非工会企业的公司规模和利润的显著性差异（表5-3），以及这两个变量对工资回报贡献的不同，都会导致两个样本之间的工资差异。所以，非常有必要分离出二者的资源禀赋进而判断由工会的原因导致的这两个变量的系数效应。

　　4. 其他控制变量

　　对于不同的城市类型，工会企业劳动者工资和非工会企业劳动者工资之间也存在着显著性的不同，即同样都是以第一类城市为基准类型变量，其他城市类型劳动者的工资均明显偏低。另外，在相同类型的城市条件下，与第一类城市的劳动者工资相比，虽然工会企业劳动者和非工会企业劳动者的工资都明显偏低，但非工会企业的劣势要更为明显。这说明不同城市中工会对于工资的影响程度也存在着差异。

　　另外，在行业方面也有着与城市类型相似的特点。与第一类行业相比，其他行业中非工会企业劳动者都明显偏低。且在相同的行业条件下，与第一类行业的劳动者工资相比，非工会企业劳动者的工资劣势更明显。

　　以国有企业为基准，其他企业的劳动者的工资水平都相对较高，这说明在资源禀赋相同的条件下，国有企业对于工资具有压缩作用。另外，与国有企业相比，在相同的企业类型条件下，非工会企业劳动者具有明显的工资溢价。

　　以上因素都对劳动者的工资产生着显著性的影响，且在工会企业和非工会企业中的影响程度存在着差异，这也是造成工会企业和非工会企业之间工资差异的重要原因。所以下面采用 Blinder-Oaxaca 分解进一步了解单变量对工资的具体影响。

三、基于 OLS 与 GLS 估计结果的 Blinder-Oaxaca 分解

　　根据工会企业和非工会企业中劳动者的工资回归方程式进行 Blinder-Oaxaca 分解（表5-11），在 OLS 估计回归分解条件下，可以发现两个样本的小时工资对数平均差异为 0.168，由于可解释部分造成的差异为 0.151，90%的差异被可解释变量显著性地解释了，而不可解释部分并不显著，这再次验证了工会覆盖的总体工资溢价的不显著性。另外，在纠正异方差问题时（即在 GLS 估计下），提高了估计效率后，发现两个样本的小时工资对数平均差异为 0.141，可解释部分造成的差异为 0.130，不可解释部分为 0.0107，即可解释部分占所有差异的 94%。无论 OLS 的回归分解结果，还是更有效率的 GLS 的估计分解结果，都说明了工会企业和非工会企业中的工资差异主要是由特征差异造成的，而非系数原因造成。

表 5-11　基于 OLS 与 GLS 估计结果的 Blinder-Oaxaca 分解

影响因素	OLS			GLS		
	系数	稳健标准误	Z	系数	稳健标准误	Z
非工会会员小时工资对数	2.384***	0.014 7	161.6	2.419***	0.022 9	105.7
工会会员小时工资对数	2.552***	0.016 5	154.8	2.560***	0.026 2	97.75
工资差异	−0.168***	0.022 1	−7.590	−0.141***	0.034 8	−4.040
可解释部分	−0.151***	0.018 4	−8.220	−0.130***	0.032 1	−4.050
不可解释部分	−0.016 8	0.021 9	−0.770	−0.010 7	0.022 9	−0.470
可解释部分						
集体合同	−0.014 4**	0.006 07	−2.370	−0.015 4**	0.006 42	−2.400
劳动合同	−0.030 5***	0.007 25	−4.210	−0.028 6***	0.007 29	−3.920
人口统计特征	−0.008 14	0.006 10	−1.340	−0.005 56	0.009 25	−0.600
人力资本特征	−0.079 4***	0.009 33	−8.510	−0.071 2***	0.015 0	−4.740
工作特征	0.000 104	0.001 72	0.060 0	0.001 01	0.003 60	0.280
公司人数	−0.019 5	0.005 37	−3.630	−0.020 5***	0.006 71	−3.050
公司人均利润	−0.001 61*	0.000 858	−1.870	−0.001 60	0.001 30	−1.230
企业类型	0.023 3***	0.007 69	3.030	0.022 9**	0.010 2	2.250
城市类型	0.006 89	0.006 68	1.030	0.012 3	0.013 2	0.930
行业类型	−0.027 9***	0.005 92	−4.710	−0.023 2**	0.010 3	−2.260
不可解释部分						
集体合同	−0.009 23	0.007 20	−1.280	−0.009 07	0.007 65	−1.190
劳动合同	−0.037 3	0.061 8	−0.600	−0.040 5	0.062 2	−0.650
人口统计特征	−0.004 69	0.129	−0.040 0	−0.010 2*	0.128	−0.080 0
人力资本特征	−0.199	0.167	−1.190	−0.192	0.170	−1.130
工作特征	−0.050 2	0.083 1	−0.600	−0.060 6	0.083 3	−0.730
公司人数	0.058 1**	0.011 0	5.270	0.062 4	0.012 8	4.860
公司人均利润	0.009 73**	0.004 25	2.290	0.009 73	0.004 55	2.140
企业类型	0.047 8	0.029 1	1.640	0.042 2	0.028 8	1.470
城市类型	0.032 7	0.021 0	1.560	0.035 7	0.021 1	1.690
行业类型	0.108***	0.032 9	3.280	0.103	0.033 5	3.090
常数	0.027 6	0.238	0.120	0.048 1	0.240	0.200

注：观测值共包含 2753 个样本，其中工会会员样本 1246 个，非工会会员样本 1507 个。人口统计特征包括党员、已婚、农业户口、男性、汉族；人力资本特征包括教育年限、经验、经验的平方、健康、英语水平；工作特征包括沟通、基于绩效付酬程度、工作自主性；企业类型包括国有控股、集体控股、私人控股、港澳台控股、外商控股；城市包括第一类城市、第二类城市、第三类城市、第四类城市；行业包括第一类行业、第二类行业、第三类行业、第四类行业、第五类行业、第六类行业；*$p<0.1$；**$p<0.05$；***$p<0.01$

从单变量的分解结果可以看出，人力资本是造成工会企业和非工会企业工资差异的一个主要的原因，在 GLS 估计下，人力资本的差异，导致两个样本的差异为 0.0712，占总差异的 50.5%。所以人力资本是造成工会企业与非工会企业工资差异的首要原因。从统计结果具有显著性的影响因素来看，劳动合同、集体合同、行业等禀赋差异都是造成工资差异的重要原因。

其中，劳动合同和集体合同可解释部分在 1% 和 5% 的出错概率下通过了 Z 值检验，说明工会企业中的劳动合同和集体合同的签订率存在显著的差异，从而带来了工会企业和非工会企业之间的工资差距。根据 OLS 实证分解结果，由于工会企业中劳动合同和集体合同较高的签订率，两个样本之间的小时工资对数差距分别为 0.0144、0.0305，即分别对总体的工资差距贡献度为 8.6%、18.2%。根据 GLS 实证分解结果，由于工会企业中劳动合同和集体合同较高的签订率，两个群体之间的小时工资对数差距分别为 0.0154、0.0286，即分别对总体差距的贡献度为 10.9%、20.3%。在不可解释部分中，劳动合同和集体合同的系数并不显著，说明工会企业并没有通过劳动合同和集体劳动合同的回报率造成工资的差异。

在实证结果分析之前，根据《中华人民共和国劳动合同法》规定，说明工会存在着监督劳动合同和集体合同的签订和执行的职能，这为工会通过集体合同和劳动合同对工资产生影响提供了可能。根据分解的实证结果，由于工会企业和非工会企业存在着劳动合同和集体合同的签订率的差异，从而两类企业员工平均工资水平之间存在着显著性的差异。为了说明工会通过劳动合同和集体合同对工资产生了影响的结论，还必须证明两点：第一，工会企业导致了较高的劳动合同和集体合同的签订倾向；第二，劳动合同和集体合同显著地提高了劳动者的工资水平。在上述分解过程中，第二点得到确认，即劳动合同和集体合同都显著地提高了劳动者的小时工资对数，只是由签订率不同而造成了小时工资对数的差异。如果证明第一点，就可以说明工会在理论上和实践上，都支持了工会通过劳动合同和集体合同提高了工会企业员工的工资率的观点。

以企业中劳动者是否签订劳动合同为因变量，分别以其所在企业是否有工会为解释变量建立 probit 模型：

$$\text{probit}(contract_i = 1 | X, U) = F(\pi X_i + \lambda U_i + \varepsilon_i) \quad (5\text{-}12)$$

$$\text{probit}(ccontract_i = 1 | X, U) = F(\pi X_i + \lambda U_i + \varepsilon_i) \quad (5\text{-}13)$$

其中，X_i 表示能够影响劳动合同或集体合同签订倾向的人力资本、工作特征、企业特征、行业特征等的变量；U_i 表示劳动者所在的企业中是否存在工会；contract 表示劳动者是否签订了劳动合同；ccontract 表示劳动者是否签订了集体合同。劳动合同、集体合同的 probit 回归结果如表 5-12 所示。

表 5-12　劳动合同、集体合同的 probit 回归结果

变量	（1）劳动合同	（2）集体合同
工会企业	0.917**	1.092***
	（0.075 4）	（0.079 5）
常数	−0.938*	−7.723
	（0.524）	（180.6）
其他变量	控制	控制
样本量	2 758	2 758

注：括号内数据为标准误；*$p<0.1$；**$p<0.05$；***$p<0.01$

通过 probit 估计可以发现工会企业比非工会企业劳动合同和集体合同的签订率高一倍左右。这说明工会可以显著地提高劳动合同和集体合同的签订率，证实了之前的第一个问题。综合以上两个问题的分析，说明工会通过劳动合同和集体合同提高了劳动者的工资水平。

第四节　工会覆盖效应下的工会作用机制分析

一、工会对工会企业和非工会企业的平均工资差距影响不明显

无论是否控制异方差问题，在 OLS 和 GLS 回归下，系数效应在 10%的出错概率情况下都没有通过 Z 检验，这说明工会对总体平均工资没有显著性的影响。进而在 Blinder-Oaxaca 的单变量分解部分也可以进一步说明工会并没有显著性的影响各特征变量的系数而造成工会企业和非工会企业的工资差异。人力资本、人口特征以及企业性质、行业类型、城市类型等系数在工会企业和非工会企业中均不存在明显的差异，这也进一步说明工会并没有发挥其特殊的人力资本、人口特征以及行业类型等优势与雇主进行谈判来提高劳动者工资。

二、工会企业和非工会企业的工资差异主要由特征差异引起

对工会企业劳动者和非工会企业劳动者的小时工资对数分解结果进行分析可以发现，他们之间的工资差异主要是由特征差异引起的，系数差异并不显著。进一步通过单变量的分解可以发现，劳动合同、集体合同、人力资本、企业类型和行业类型都显著地造成了两个样本中的劳动者工资差异。其中，对工资差异存在显著正向影响且按照贡献度排序依次是：人力资本，贡献度为 50.5%；劳动合同，贡献度为 20.3%；行业类型，贡献度为 16.5%；集体合同，贡献度为 10.9%。对工资差异存在显著负向差异的变量为企业类型，贡献度为−16.2%。

三、工会并没有通过人力资本回报率显著地影响工资差距

通过采用 OLS 回归和 GLS 回归的方法，发现工会企业和非工会企业中教育回报率存在不同：工会企业劳动者的教育回报率高于非工会企业劳动者的回报率，但是根据包含教育在内的人力资本要素的系数分解结果发现，人力资本的系数差异在 Z 检验下差异并不是很明显，这说明工会并没有通过人力资本回报率来影响工会企业和非工会企业的工资差距。

四、工会通过劳动合同和集体合同影响了工资总体差距

从上述回归结果可以看出，组建工会的企业显著性地提高了劳动合同与集体合同的签订率，结合 Blinder-Oaxaca 的分解结果，可以说明工会通过劳动合同和集体合同的签订率提高，进而增加了工会企业劳动者和非工会企业劳动者之间的工资差距，产生的差距分别为 0.0305、0.0144，对于总体的工资差距贡献率为 8.6%、18.2%。然而工会并没有通过影响劳动合同和集体合同对工资的回报率产生明显的工资差距。这说明工会对工资产生的影响主要是靠禀赋效应产生的，并没有显著性地通过系数效应对工资产生影响。工会覆盖效应的作用路径图如图 5-2 所示。

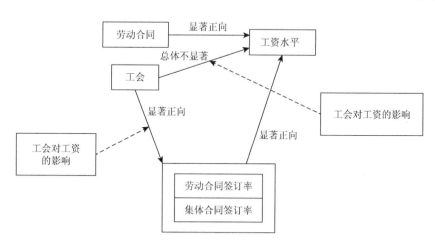

图 5-2　工会覆盖效应的作用路径图

五、工会可以减少性别工资歧视

根据表 5-10，在 OLS 估计之下，工会企业中男性工资比女性工资平均高出 13.6%，非工会企业中，男性工资比女性工资平均高出 22.4%，最后在 GLS 回归

后的 Blinder-Oaxaca 分解中，人口特征变量在总体上也具有显著性，且可以减少工资差距，这说明工会在缩小性别工资歧视方面具有积极的作用。工会减缓或消除性别工资歧视可以从《中华人民共和国劳动法》或者《中华人民共和国劳动合同法》等相关的法律法规中找到依据。因为《中华人民共和国劳动法》，尤其是《中华人民共和国劳动合同法》赋予了工会更多的劳动者权益的监督权，在保护劳动者合法权益中发挥着越来越重要的作用。另外，《中华人民共和国劳动法》第十二条明确规定了劳动者的就业歧视，第十三条再次规定了性别就业歧视，以及第四十六条规定了同工同酬等。所以，工会在监督企业劳动法律法规执行过程中，无疑会对性别工资歧视的减弱起到积极的作用。

六、工会没有对行业工资产生影响

虽然在 OLS 和 GLS 回归估计中，以第一行业为基准，多数其他行业工资回报与之存在这明显的差异，但是在 Blinder-Oaxaca 分解中发现行业回报的系数效应并不显著，说明工会没有对行业工资产生显著性的影响。然而，从我国目前的集体协商层次以及不同层次的力量对比来看，行业性的集体协商最为适合目前我国的现状。理由如下：从各行业层面来讲，行业工会中劳动者的所属的生产领域大致相同，企业的盈利水平差别相对较小，所以劳动者行业内的工资差异也比较小，利益目标水平相同或相似，行业工会对行业内的劳动者更具有代表性，这有助于行业工会的工资集体协商；在企业层面，目前由于劳动力市场的逐步放开，工资成为了劳资双方市场博弈的结果，资本往往是以集体的形式出现，而劳动者是以单个个体的形式出现，劳资双方的力量明显失衡，在企业层面的集体协商自然表现为管理方具有较强的谈判力量。所以，目前也只有行业层面劳资双方具有较为平衡性的谈判力量。

第六章　工会会员的工资溢价实证分析

在我国，并不是所有的企业都组建了工会，有些劳动者在工会企业中工作，有些劳动者则在非工会企业中工作。那些在工会企业中工作的劳动者面临着是否加入工会的抉择。所以在工会企业中，非工会会员就成为了搭便车者：他们在即使没有缴纳会费的情况下，也可以获得来自工会与企业进行集体谈判所获得的权利。本书所使用的数据显示，工会企业中没有加入工会的比例也相对较高。调查显示，工会企业占所有企业总数的45.1%，然而，工会密度平均比例为37.65%。在考察了工会覆盖的工资溢价之后，还需要考察工会会员的工资溢价。工会会员的工资溢价在这里主要是指工会企业中工会会员和非工会会员之间由于工会会员身份而产生的差异。所以本章只是针对工会会员的工资溢价进行分析。

如前所述，由于工会企业中的劳动者加入了工会，他们可以享受到由工会的存在而带来的直接工资的增长，我国目前还没有明显专门针对工会会员受益的特殊工资政策，只是在福利方面有所体现。然而我国工资收入的来源和组成还没有一个完全清晰的标准与界限，在调查过程中，可能会由于工会会员将从工会中获得的现金福利或者物品等折合进工资中；另外，也有可能一些企业为了避税，通过现金福利的形式来发放给劳动者，从而出现工会会员的工资溢价。所以，本章主要是研究工会会员的工资溢价问题。为了达到研究目的，利用雇员雇主匹配数据，采用选择性偏误的工资等式进行 Blinder-Oaxaca 分解的方法进行处理。

第一节　工会企业中非工会会员与工会会员各变量描述性统计

本节主要利用 2012 年的雇员雇主匹配数据，对相关数据的统计分析如表 6-1 所示。从表中可以看出，工会企业中非工会会员的小时工资对数为 2.506，工会会员的小时工资对数为 2.575，工会企业工会会员的小时工资对数明显高于非工会会员的小时工资对数，且在 Z 值检验下非常显著，即两个群体之间的工资差异非常明显。另外，工会会员比非工会会员在集体合同和劳动合同方面显著高出 17% 和 9.2%，在经验方面则高 3.77 年。工会会员的党员比例要比非工会会员的党员比例高 12.5%，同时，工会会员未婚比例也明显低于非工会会员。另外，在国有企业中，工会会员比例要高出非工会会员 14.6%。在外资企业中，非工会会员比例高出工会会员 3.85%。在城市方面，第二类城市中工会会员的比例要高出非工会会员 16%。在第三类城市中非工会会员的比例要高出工会会员 17.1%。所以，为了获得工会会员身份对工资的影响，有必要对这些影响工资的变量进行控制。

表 6-1　工会企业中非工会会员与工会会员各变量描述性统计及均值差异检验

变量	总体	非工会会员	工会会员	均值差异	t 统计量
小时工资对数	2.553	2.506	2.575	−0.069 9*	(−2.00)
集体合同	0.232	0.115	0.285	−0.170***	(−6.80)
劳动合同	0.933	0.870	0.962	−0.092 0***	(−6.18)
党员	0.176	0.090 0	0.215	−0.125***	(−5.50)
未婚	0.281	0.373	0.239	0.133***	(4.94)
农村户口	0.278	0.273	0.281	−0.008 28	(−0.31)
男性	0.470	0.475	0.467	0.007 80	(0.26)
汉族	0.982	0.985	0.980	0.004 56	(0.57)
教育年限	13.57	13.62	13.55	0.071 1	(0.45)
经验	14.07	11.48	15.25	−3.772***	(−6.27)
经验的平方	299.8	212.2	340.2	−128.0***	(−5.93)
健康程度	3.035	3.038	3.033	0.004 13	(0.09)
英语水平	1.933	1.970	1.916	0.054 0	(1.08)
沟通	3.661	3.652	3.665	−0.012 6	(−0.22)
基于绩效付酬程度	3.526	3.495	3.540	−0.044 7	(−0.75)
工作自主性	3.484	3.380	3.532	−0.152**	(−2.56)
公司人数	505.8	578.8	472.2	106.6	(1.55)
公司人均利润	6.631	2.598	8.508	−5.910	(−1.43)
国有企业	0.280	0.180	0.326	−0.146***	(−5.43)
集体企业	0.168	0.237	0.136	0.102***	(4.54)
私营企业	0.481	0.490	0.478	0.012 4	(0.41)
港澳台企业	0.032 3	0.027 5	0.034 5	−0.007 02	(−0.66)
外资企业	0.038 6	0.065 0	0.026 5	0.038 5***	(3.32)
第一类城市	0.199	0.175	0.209	−0.034 4	(−1.43)
第三类城市	0.170	0.287	0.116	0.171***	(7.71)
第二类城市	0.549	0.440	0.600	−0.160***	(−5.36)
第四类城市	0.082 0	0.097 5	0.074 8	0.022 7	(1.37)
第一大类行业	0.187	0.177	0.191	−0.013 5	(−0.57)
第二大类行业	0.813	0.823	0.809	0.013 5	(0.57)
N	1 269	400	869	1 269	

注：括号内数据为 t 统计量；*p<0.05；**p<0.01；***p<0.001

第二节 工会会员的工资溢价实证策略

一、样本选择性偏差的二阶段估计

1. 回归方程

根据以往的研究方法，工会会员和非工会会员的明瑟工资回归方程为

$$\ln W_u = X_u \beta_u + \mu_u$$

$$\ln W_n = X_n \beta_n + \mu_n$$

其中，W_u、W_n 分别代表工会会员和非工会会员的小时工资；X_u、X_n 分别代表工会会员和非工会会员的资源禀赋向量，即能够影响工资水平的重要变量；β_u、β_n 分别代表工会会员和非工会会员资源禀赋的价格向量；μ_u、μ_n 代表残差项。

2. 选择方程

以劳动者是否加入工会为因变量建立 probit 模型：

$$\text{probit}(w_i = 1 | X) = F(\pi X_i + \varepsilon_i) \tag{6-1}$$

$$\text{probit}(w_i = 0 | X) = 1 - F(\pi X_i + \varepsilon_i) \tag{6-2}$$

其中，X_i 代表能够影响劳动者是否加入工会的变量；$w_i = 1$ 代表劳动者是工会会员；$w_i = 0$ 代表劳动者不是工会会员。

3. 估计程序

从该简约的 probit 模型中估计出 $\hat{\pi}$，通过下列两个方程分别计算出衡量工会会员和非工会会员选择性偏差的逆米尔斯比率 λ_u、λ_n：

$$\lambda_u = f(\hat{\pi} X_i + \varepsilon_i) / F(\hat{\pi} X_i + \varepsilon_i) \tag{6-3}$$

$$\lambda_n = f(\hat{\pi} X_i + \varepsilon_i) / (1 - F(\hat{\pi} X_i + \varepsilon_i)) \tag{6-4}$$

利用计算出来的 λ_u、λ_n 作为回归方程中的一个自变量，对选择性偏差进行纠正。将二者分别代入工会会员与非工会会员的工资等式中：

$$\ln W_u = X_u \beta_u + \sigma_{\varepsilon u} \lambda_u + \mu_u \tag{6-5}$$

$$\ln W_n = X_n \beta_n + \sigma_{\varepsilon n} \lambda_n + \lambda_n \tag{6-6}$$

其中，λ_u 是为了控制工会会员的选择性偏差，在非工会会员的工资等式中加入了 λ_n 控制非工会会员的选择性偏差。实际上，加入逆米尔斯比率是为了分离残差项期望值不为零的部分，即 $\sigma_{\varepsilon u}\lambda_u$ 表示 $E(\eta_{ui}|union=1)$，$\sigma_{\varepsilon n}\lambda_n$ 表示 $E(\eta_{ni}|union=0)$，进而使得工会会员和非工会会员的工资等式中残差项的期望值为零，达到符合采用 OLS 回归的基本条件，形成一致估计量。

　　同样在进行 OLS 估计中，面临着异方差的问题，为了克服异方差采用加权最小二乘法来解决。为了了解在这两种方法下的工会会员的工资溢价，分别进行下面的 Blinder-Oaxaca 分解，并检验其显著性。

二、Blinder-Oaxaca 分解

　　工会会员和非工会会员之间的小时工资对数差异为

$$
\begin{aligned}
&\ln\overline{W}_n - \ln\overline{W}_n \\
&= (\overline{X}_u\hat{\beta}_u + \sigma_u\hat{\lambda}_u + \hat{\mu}_u) - (\overline{X}_n\hat{\beta}_n + \hat{\sigma}_n\hat{\lambda}_n + \hat{\mu}_n) \\
&= (\hat{\beta}_u - \hat{\beta}_n)\overline{X}_n + (\overline{X}_u - \overline{X}_n)\beta_u + (\hat{\sigma}_u\hat{\lambda}_u - \hat{\sigma}_n\hat{\lambda}_n) \\
&= (\hat{\beta}_u - \hat{\beta}_n)\overline{X}_n + (\overline{X}_u - \overline{X}_n)\beta_u + \hat{\sigma}_u(\hat{\lambda}_u - \hat{\lambda}_n) + \hat{\lambda}_n(\hat{\sigma}_u - \hat{\sigma}_n)
\end{aligned}
\tag{6-7}
$$

其中，$(\hat{\beta}_u - \hat{\beta}_n)\overline{X}_n$ 表示非平均个体特征差异造成的工资差距；$\hat{\sigma}_u\hat{\lambda}_u - \hat{\sigma}_n\hat{\lambda}_n$ 表示由选择性偏差而造成的工资差距，该项对于分析工会会员与非工会会员的工资差距非常关键，因为该不可解释部分不但包含不可观测的特征变量影响，也包含潜在的工资率的歧视，还包含工会组织为了保护其会员具有较高的工资率的作用。由于该不可解释的部分中工会的作用无法和前面提到的其他方面的作用分离出来，估计出来的工资差距仅仅代表工会工资溢价的上限。

第三节　OLS、GLS、Inverse Mill Ratio 可观测变量的估计结果

　　在表 6-2 中，第（1）、（2）列表示通过最小二乘法估计出来的工会会员和非工会会员的小时工资对数回归方程中各个变量的系数。在进行最小二乘法估计之后，对两个方程采用 BP 检验，发现两个线性方程均存在着明显的异方差。为了提高参数估计的有效性，利用加权最小二乘法对异方差问题进行纠正，第（3）、（4）列表示通过加权最小二乘法估计出来的两个群体回归方程的变量系数。第（0）列表示通过 probit 模型估计出加入工会的概率，进而计算出来工会会员和非工会会员的逆米尔斯比率，分别加入工会会员和非工会会员的工资回归方程中，得到第（5）、（6）列的估计结果。

表 6-2 OLS、GLS、Inverse Mill Ratio 可观测变量的估计结果

变量	(0) probit 是否为工会会员	(1) OLS 工会会员小时工资对数	(2) OLS 非工会会员小时工资对数	(3) GLS 工会会员小时工资对数	(4) GLS 非工会会员小时工资对数	(5) IM+GLS 工会会员小时工资对数	(6) IM+GLS 非工会会员小时工资对数
集体合同	0.437***	0.083 0**	0.024 9	0.070 6***	0.019 8	0.040 7	−0.002 0
	(0.107)	(0.037 7)	(0.082 1)	(0.017 7)	(0.039 5)	(0.026 4)	(0.088 5)
劳动合同	0.693***	0.421***	−0.052 3	0.431***	−0.038 8	0.367***	−0.043 1
	(0.159)	(0.086 9)	(0.078 9)	(0.045 4)	(0.037 7)	(0.061 9)	(0.126)
党员	0.521***	0.048 7	0.098 7	0.050 8**	0.112**	0.018 0	−0.155
	(0.123)	(0.042 3)	(0.091 9)	(0.019 9)	(0.045 0)	(0.029 4)	(0.099 0)
未婚	−0.247**	−0.054 6	−0.217***	−0.048 3*	−0.211***	−0.029 1	−0.076 6
	(0.120)	(0.054 1)	(0.071 9)	(0.025 6)	(0.035 3)	(0.028 5)	(0.056 7)
农业户口	0.128	0.004 31	−0.045 5	0.001 22	−0.043 4	−0.009 60	−0.111***
	(0.103)	(0.041 9)	(0.070 0)	(0.019 8)	(0.033 9)	(0.021 0)	(0.040 6)
男性	−0.130	0.111***	0.185***	0.104***	0.182***	0.112***	0.242***
	(0.082 8)	(0.033 4)	(0.053 0)	(0.015 8)	(0.025 8)	(0.016 7)	(0.032 6)
汉族	−0.196	−0.139	0.077 8	−0.157***	0.074 6	−0.144**	0.169
	(0.313)	(0.116)	(0.207)	(0.055 3)	(0.099 6)	(0.055 9)	(0.104)
教育年限	−0.020 5	0.069 0***	0.038 6***	0.067 3***	0.039 7***	0.069 2***	0.050 5***
	(0.022 3)	(0.009 19)	(0.013 4)	(0.004 44)	(0.006 44)	(0.004 61)	(0.007 36)
经验	0.005 99	0.013 3*	−0.003 10	0.011 6***	−0.002 16	0.010 4***	−0.005 38
	(0.017 8)	(0.007 06)	(0.011 4)	(0.003 37)	(0.005 54)	(0.003 47)	(0.005 64)
经验的平方	0.000 472	−0.000 240	-2.39×10^{-5}	−0.000 193**	-5.78×10^{-5}	−0.000 199**	−0.000 293*
	(0.000 461)	(0.000 172)	(0.000 293)	(8.26×10^{-5})	(0.000 142)	(8.27×10^{-5})	(0.000 162)
健康程度	0.180***	0.057 2**	0.023 1	0.055 8***	0.027 6*	0.043 4***	−0.067 9*
	(0.056 0)	(0.022 9)	(0.034 5)	(0.010 7)	(0.016 6)	(0.013 5)	(0.035 7)
英语水平	0.016 2	0.044 9*	0.073 1*	0.045 1***	0.062 1***	0.042 6***	0.051 1**
	(0.064 0)	(0.026 1)	(0.040 5)	(0.012 3)	(0.019 8)	(0.012 5)	(0.020 2)
沟通	−0.072 4	0.053 5**	−0.030 4	0.053 0***	−0.037 9***	0.058 1***	0.000 898
	(0.053 0)	(0.023 6)	(0.029 0)	(0.011 3)	(0.014 1)	(0.011 8)	(0.019 0)
基于绩效付酬程度	−0.015 6	0.030 6	0.057 8**	0.031 6***	0.059 4***	0.032 3**	0.066 5***
	(0.047 1)	(0.020 4)	(0.027 5)	(0.009 56)	(0.013 2)	(0.009 57)	(0.013 4)
工作自主性	0.077 2	0.002 16	0.001 84	−0.000 173	0.006 95	−0.004 13	−0.037 2*
	(0.050 5)	(0.021 8)	(0.028 7)	(0.010 3)	(0.013 8)	(0.010 7)	(0.020 1)
所在公司人数	−0.000 107**	4.77×10^{-5}***	-1.88×10^{-5}	5.86×10^{-5}***	-1.76×10^{-5}	6.55×10^{-5}***	4.18×10^{-5}
	(4.32×10^{-5})	(1.77×10^{-5})	(3.55×10^{-5})	(9.40×10^{-6})	(1.73×10^{-5})	(1.04×10^{-5})	(2.61×10^{-5})

变量	(0) probit 是否为工会会员	(1) OLS 工会会员小时工资对数	(2) OLS 非工会会员小时工资对数	(3) GLS 工会会员小时工资对数	(4) GLS 非工会会员小时工资对数	(5) IM + GLS 工会会员小时工资对数	(6) IM + GLS 非工会会员小时工资对数
公司人均利润	0.000 877	0.000 262	0.000 141	0.000 207*	0.000 153	0.000 138	−0.000 316
	(0.000 778)	(0.000 234)	(0.000 670)	(0.000 109)	(0.000 315)	(0.000 118)	(0.000 351)
集体企业	−0.682***	0.153***	0.074 1	0.154***	0.083 6**	0.203***	0.443***
	(0.134)	(0.057 1)	(0.086 0)	(0.026 9)	(0.041 3)	(0.041 9)	(0.126)
私营企业	−0.483***	0.183***	−0.070 2	0.185***	−0.064 7*	0.218***	0.193**
	(0.108)	(0.041 6)	(0.073 6)	(0.019 7)	(0.035 6)	(0.029 3)	(0.092 2)
港澳台企业	0.038 0	0.474***	0.293	0.502***	0.275**	0.497***	0.243*
	(0.290)	(0.098 7)	(0.270)	(0.048 5)	(0.131)	(0.048 6)	(0.132)
外资企业	−1.025***	0.427***	0.157	0.416***	0.175***	0.505***	0.750***
	(0.213)	(0.106)	(0.124)	(0.050 3)	(0.063 7)	(0.077 0)	(0.200)
第三类城市	−0.753***	−0.420***	−0.479***	−0.427***	−0.462***	−0.365***	−0.045 0
	(0.147)	(0.064 3)	(0.099 2)	(0.030 8)	(0.048 6)	(0.051 1)	(0.146)
第二类城市	−0.115	−0.228***	−0.317***	−0.222***	−0.301***	−0.212***	−0.234***
	(0.116)	(0.043 8)	(0.083 0)	(0.020 5)	(0.041 4)	(0.021 5)	(0.046 9)
第四类城市	−0.468***	−0.550***	−0.485***	−0.528***	−0.479***	−0.490***	−0.227**
	(0.172)	(0.074 7)	(0.112)	(0.035 4)	(0.054 7)	(0.043 3)	(0.099 7)
第二大类型行业	−0.093 7	−0.159***	−0.294***	−0.156***	−0.292***	−0.150***	−0.245***
	(0.113)	(0.043 2)	(0.080 9)	(0.020 4)	(0.040 4)	(0.020 8)	(0.043 2)
λ_u						−0.576	
						(0.378)	
λ_n							2.174***
							(0.718)
常数	0.271	0.795***	2.251***	0.842***	2.211***	1.112***	−0.407
	(0.579)	(0.233)	(0.374)	(0.114)	(0.180)	(0.211)	(0.883)
BP 检验		265.81	120.55				
观测值	1 247	850	396	850	396	850	396
准 R^2	0.156	0.353	0.378				

注: 括号中数据表示标准误; $*p<0.1$; $**p<0.05$; $***p<0.01$

一、工资方程各变量系数结果

从总体上看，劳动合同和集体合同都显著地提高了劳动者的工资水平。在其他条件相同的情况下，OLS 估计结果表明在工会企业中集体合同可以提高劳动者的工资水平为 8.3%，劳动合同可以提高劳动者的工资水平为 42.1%。在 GLS 估计下也出现了类似的效果。IM[①] + GLS 估计结果表明工会企业工会会员和非工会会员都没有因为签订了集体劳动合同使得工资得到显著的提高。但是，签订劳动合同却导致了工会会员的工资水平上升。

另外，在性别方面，无论在哪种估计方式之下，以及是否为工会会员，均存在着性别工资歧视问题。根据 OLS 估计结果，工会会员中男性劳动者比女性劳动者的工资高出 11.1%，非工会会员中男性劳动者比女性劳动者的工资高出 18.5%；在 GLS 估计下，工资分别高出 10.4%、18.2%；在 IM + GLS 估计下，工资分别高出 11.2%、24.2%。这说明在非工会会员中性别歧视更为严重。该结论不但说明性别工资歧视的存在，还说明了工会会员身份可以减少性别工资歧视。另外，根据前面工会企业和非工会企业的性别工资歧视实证结果，工会会员的身份变量进一步缩小了性别工资歧视。另外，在婚姻方面也存在着类似的作用，无论在 OLS 估计下，还是在 GLS 以及 IM + GLS 的估计之下，工会会员的未婚劳动者工资与已婚劳动者工资的差异均小于工会企业中的非工会会员。

在教育年限方面，工会企业中工会会员和非工会会员的回报率也存在着明显的不同。无论在哪种估计方法之下，工会会员的教育年限回报率均高于非工会会员。这说明工会可以有效地提高劳动者的教育投资回报率。在经验方面也存在着类似的特点，即工会会员身份可以有效地提高经验的回报率。

在工作特征方面，工会会员身份对于绩效付酬程度回报有很大的影响。非工会会员的基于绩效付酬的回报率要高于工会会员，说明基于绩效付酬的方式对于非工会会员更加有利。在沟通方面，在工会企业中，工会会员沟通工作特征的回报率高于非工会会员，这说明工会企业中，工会会员的沟通更容易获得较高的回报，也进一步说明了企业管理方与工会会员之间是一种合作和双赢的博弈，管理方更倾向于激励工会会员对于工作任务发言，提出意见和建议。这种沟通的高回报率可以有三种解释：第一，工会会员通过工会加强与管理方的沟通和信息交流，说服管理方给予较高的回报；第二，管理方通过加强与工会会员的沟通，给予较高的回报，主动承担工会的一些责任和义务，进而弱化工会在企业中对于劳动者的代表性，将工会为员工的福利代表功能边缘化；第三，双方是一种合作模式，工会与管理方合作，既可以使工会促进企业生产效率，又可以使工会达成代表劳动者利益的代表功能。根据《中华人民共和国工会法》，工会既具有促进生产发展，维护稳定的作用，又具有代表劳动者利益的义务，所以，第三种解释成为实证结果最为合理的解释。

---

① IM（inverse Mills ratio）表示逆米尔斯比率。

二、工会会员入会的选择性偏差

工会会员工资方程中的逆米尔斯比率估计系数不显著说明没有特殊的信息来左右劳动者是否加入工会的决定。即在工会会员中观察到的平均工资并没有超过与之具有相同个体特征的非工会会员的平均工资。这种情况可能正如 Rees 和 Shah（1986）所指出的，如果工会会员的样本足够大可能会更好地了解这种选择性偏差的倾向。所以收入可能不是影响劳动者是否加入工会的先决条件。另外一项调查表明，36%的非工会会员认为他们的选择是由于缺乏足够的信息，22%的人认为工会是没有用处的或者是没有效率的，15%的人认为工会是由政府或者雇主支配的。

非工会会员的工资方程中逆米尔斯比率系数是正号，且统计结果显著，这说明非工会部门的就业存在着正的选择性偏差。为了理解这种结果，可以将具有相同个体属性特征的工会会员和非工会会员群体都认为是非工会会员，正的选择性偏差意味着实际观察到的非工会会员的工资分布要高于不存在工会时这些工会与之具有相同特征的劳动者的平均工资。那些选择不加入工会的劳动者平均工资高于那些与之具有相同个体属性特征、选择加入工会的劳动者在非工会部门工作获得的工资。

这种对于逆米尔斯比率的回归结果与之前的类似研究有着相似性。例如，Lee（1978）对个体属性一致的操作工进行研究发现，工会工资等式中的逆米尔斯比率系数是正号且显著，在非工会的工资等式中估计的逆米尔斯比率系数是正号且显著。Duncan 和 Leigh（1980）利用 NLS（national longitudinal surveys，国家纵向调查）数据，分析表明工会和非工会的逆米尔斯比率估计系数都是正号，但是在5%的水平上，只有非工会的逆米尔斯比率系数显著。这说明在非工会部门存在着正的选择性偏差，而工会部门不存在选择性偏差，至少不存在正的选择性偏差。另外一项关于喀麦隆的研究的估计结果为工会部门逆米尔斯比率虽然是正号，但不显著，非工会部门的逆米尔斯比例是正号。

三、工会会员入会倾向估计结果

很明显，劳动者的入会倾向具有明显的群体性，这种群体性在一定程度上和特定属性背后的制度有着明显的关联。首先，具有党员身份的劳动者比没有党员身份的劳动者入会倾向高出 52.1%，即如果是党员，入会倾向将会大大提高。这与我国目前的一些制度有很大的关系：党员具有先进性的示范作用，他们需要进入工会对工会工作进行宣传，推动工会的工作，发挥工会的积极作用，党员一般都需要加入工会。另外，我国劳动者是否加入工会，是其自愿选择的结果，所以，对于党员，他们是否入会又具有一定的自我选择性。在这种制度背景下，党员和工会会员身份的这种强有力的关联是这两种原因共同导致的。

以国有企业为基准，那么私营企业、港澳台企业以及集体企业等劳动者入会倾向都明显偏低。这是因为目前虽然进行了国有企业改革，实行政企分离，但是，一些旧的制度目前由于改革成本等原因还没有进行，或者部分保留着原来的一些制度。在工会方面，国家更有利于在国有企业中推动工会工作，促使劳动者加入工会，所以目前国有企业中的劳动者加入工会的倾向最高。

另外，在城市方面，入会倾向也有着显著性的不同，在一类城市中，工会的入会倾向最高，其他城市相对较低。这说明工会工作在不同的地区存在着较大的差异。在本样本中一类城市为北京。

然而，在经验、教育等方面，工会入会倾向系数并不显著，这说明劳动者是否加入工会与这些生产力因素没有直接的关系，这在一定程度上也说明了劳动者入会并不是完全自愿选择的，而是通过一定的制度因素推动，这可以通过劳动者某些属性反映出来，如劳动者所在的企业、城市、行业等。所以劳动者的入会倾向是一种制度推动，而非一种明显的自我选择。

第四节　工会会员效应下的 Blinder-Oaxaca 分解结果

无论基于 OLS 估计，还是采用 GLS 以及 IM + GLS 估计下的 Blinder-Oaxaca 分解，不可解释部分在 10% 的错误概率下都没有通过 Z 检验，说明工会会员和非工会会员之间工资差异的系数效应并不显著，即总体上工会并没有产生工资溢价。工会会员和非工会会员之间工资对数的差异主要是由特征效应或禀赋效应造成的。在基于 OLS 估计下的 Blinder-Oaxaca 分解中，工会会员和非工会会员的工资差异为 0.0695，其中，由禀赋效应或特征效应造成的差异为 0.0786，不可解释部分导致了工会会员的工资比非工会会员总体低 0.009 04。在 GLS 和 IM + GLS 的估计结果 Blinder-Oaxaca 分解中，都得到了类似的结果（表 6-3），即不可解释部分都导致了工会会员低于非工会会员的平均小时工资对数，但均不显著。这说明从总体上看，工会会员身份并没有给其带来明显的工资溢价。

表 6-3　基于 OLS、GLS、IM + GLS 估计结果的 Blinder-Oaxaca 分解

变量	OLS		GLS		IM + GLS	
	系数	稳健标准误	系数	稳健标准误	系数	稳健标准误
非工会会员小时工资对数	2.504***	0.030 2	2.526***	0.047 3	2.526***	0.047 4
工会会员小时工资对数	2.574***	0.019 6	2.570***	0.031 4	2.570***	0.031 4

续表

变量	OLS		GLS		IM + GLS	
	系数	稳健标准误	系数	稳健标准误	系数	稳健标准误
工资差异	−0.069 5**	0.036 0	−0.044 7	0.056 8	−0.044 7	0.056 8
可解释部分	−0.078 6***	0.025 9	−0.060 6	0.050 5	−0.216**	0.123
不可解释部分	0.009 04	0.033 7	0.015 9	0.036 9	0.172	0.118
可解释部分						
集体合同	−0.015 3**	0.006 76	−0.016 2**	0.007 81	−0.015 4**	0.007 74
劳动合同	−0.013 6**	0.006 67	−0.012 7	0.008 09	−0.013 4	0.008 35
人口统计特征	−0.020 2**	0.009 87	−0.020 1	0.014 0	−0.020 3	0.014 1
人力资本特征	−0.004 72	0.014 4	0.002 58	0.026 6	0.003 96	0.026 6
工作特征	−0.002 88	0.004 32	−0.001 97	0.008 00	−0.002 38	0.007 97
公司人数	0.002 11	0.002 06	0.001 92	0.003 48	0.001 95	0.003 53
公司人均利润	−0.001 59	0.001 21	−0.001 64	0.002 12	−0.001 54	0.002 01
企业类型	0.028 5**	0.009 17	0.029 8**	0.014 0	0.028 8**	0.013 8
城市类型	−0.047 4***	0.012 5	−0.041 3*	0.022 8	−0.042 2*	0.022 9
行业类型	−0.003 56	0.004 38	−0.001 15	0.009 57	−0.001 15	0.009 60
逆米尔斯比率					−0.155	0.112
不可解释部分						
集体合同	−0.006 04	0.015 2	−0.006 46	0.015 5	−0.026 9	0.028 8
劳动合同	−0.437***	0.112	−0.443***	0.113	−0.688**	0.244
人口统计特征	0.186	0.161	0.176	0.162	0.282	0.177
人力资本特征	−0.615**	0.283	−0.651**	0.287	−0.850**	0.344
工作特征	−0.212	0.151	−0.219	0.154	−0.207	0.158
公司人数	−0.036 1*	0.021 7	−0.036 2	0.023 7	−0.006 90	0.030 7
公司人均利润	−0.000 271	0.001 15	−0.000 449	0.001 26	−0.001 32	0.002 60
企业类型	−0.006 65	0.052 0	−0.008 65	0.052 3	0.010 6	0.055 2
城市类型	−0.029 8	0.023 7	−0.030 7	0.023 9	−0.035 9	0.032 6
行业类型	−0.044 2	0.027 7	−0.041 9	0.027 2	−0.029 8	0.028 3
逆米尔斯比率					2.485	1.649
常数	1.210***	0.386	1.279	0.392	−0.760	1.494

注：观测值共包含 2753 个样本，其中工会会员样本 1246 个，非工会会员样本 1507 个。人口统计特征包括党员、已婚、农业户口、男性、汉族；人力资本特征包括教育年限、经验、经验的平方、健康、英语水平；工作特征包括沟通、基于绩效付酬程度、工作自主性；企业类型包括国有企业、集体企业、私营企业、港澳台企业、外资企业；城市包括第一类城市、第二类城市、第三类城市、第四类城市；行业包括第一大类行业、第二大类行业；*p<0.1；**p<0.05；***p<0.01

在 OLS 估计下，工会企业中由于禀赋或特征不同而造成显著性差异的变量包括劳动合同、集体合同、人口特征、企业类型和城市类型。在控制了异方差和选择性偏差之后，集体合同、企业类型和城市类型成为显著影响特征效应的主要变量。尤其值得关注的是人力资本特征变量，在三种估计下的分解结果都表明不存在显著的影响，这说明工会会员和非工会会员在人力资本特征方面不存在显著的差异；同时，工会企业所在的行业也没有对工会会员和非工会会员的工资差异产生显著的影响；另外，在工会企业中，公司利润和公司规模并没有造成工会会员和非工会会员之间的工资差异。这些都和工会覆盖效应下的相应特征变量的影响不同。

三种估计下的分解结果都表明人力资本特征系数和劳动合同特征系数的差异显著性地造成了工会会员和非工会会员之间的工资差异。这说明工会通过影响劳动合同的回报率以及人力资本的回报率扩大了两个群体之间的工资差距。像城市类型、行业类型以及企业类型等都没有因为是否为工会会员而对工资差异产生显著的影响。

第五节 工会会员效应的稳健性分析

根据以往的研究经验，劳动者自己选择加入工会是因为加入工会后可以获得较高的工资水平，尤其是那些学历较高的劳动者更倾向于加入工会，所以工会会员的高工资是劳动者选择加入工会的结果；另外，工会可以给工会会员带来较高的工资，形成工资溢价。所以，围绕这种情况分别对两个变量建立方程。对于工资方程，依然按照原来的方式来构建工资方程：

$$\ln W = \alpha_0 + \eta U + \pi X + \mu \tag{6-8}$$

对于工会会员身份变量，构建线性概率回归方程：

$$U = \alpha_0 + \pi X + \varepsilon \tag{6-9}$$

由于工资和工会会员身份两个变量之间存在着相关性，如果对这两个变量建立方程，两个方程的扰动项存在着相关性。所以，根据两个方程利用似不相关回归的估计方法对其进行估计，回归估计结果见表 6-4。

表 6-4 似不相关回归结果

变量	(1) 小时工资对数	(2) 工会会员
工会会员	0.017 4	
	(0.022 5)	
集体合同	0.071 9**	0.342***
	(0.028 7)	(0.023 4)
劳动合同	0.115***	0.201***
	(0.024 3)	(0.020 2)

续表

变量	（1）小时工资对数	（2）工会会员
党员	0.036 3	0.120***
	(0.028 7)	(0.024 2)
未婚	−0.076 8***	0.014 2
	(0.025 8)	(0.021 9)
农村户口	0.006 06	0.020 6
	(0.021 8)	(0.018 5)
男性	0.188***	−0.007 62
	(0.018 5)	(0.015 6)
汉族	−0.072 7	0.018 7
	(0.061 5)	(0.052 1)
教育年限	0.051 0***	−0.002 00
	(0.004 49)	(0.003 80)
经验	0.016 0***	0.014 5***
	(0.003 45)	(0.002 91)
经验平方	−0.000 376***	−0.000 222***
	(8.30×10^{-5})	(7.02×10^{-5})
健康程度	0.021 0*	0.011 2
	(0.012 4)	(0.010 5)
英语水平	0.068 2***	0.052 2***
	(0.015 0)	(0.012 7)
沟通	0.019 1	−0.016 2
	(0.011 7)	(0.009 93)
基于绩效付酬	0.030 4***	0.005 32
	(0.010 3)	(0.008 72)
工作自主性	0.008 60	0.010 0
	(0.011 5)	(0.009 75)
公司人数	4.93×10^{-5}***	2.57×10^{-5}**
	(1.27×10^{-5})	(1.07×10^{-5})
公司人均利润	0.000 245	0.000 304*
	(0.000 207)	(0.000 175)
集体企业	0.161***	−0.271***
	(0.034 6)	(0.028 8)
私营企业	0.120***	−0.272***
	(0.027 9)	(0.023 1)
港澳台企业	0.303***	−0.231***
	(0.065 2)	(0.055 1)
外资企业	0.411***	−0.310***
	(0.056 2)	(0.047 3)
第三类城市	−0.481***	−0.095 4***
	(0.034 3)	(0.029 0)

续表

变量	（1）小时工资对数	（2）工会会员
第二类城市	−0.250***	−0.064 8***
	(0.026 0)	(0.022 0)
第四类城市	−0.537***	−0.020 7
	(0.044 5)	(0.037 7)
第二大类行业	−0.231***	−0.009 87
	(0.026 7)	(0.022 6)
常数	1.514***	0.126
	(0.113)	(0.095 5)
观测值	2 753	2 753
准 R^2	0.356	0.265

注：括号中数据表示标准误；*$p<0.1$；**$p<0.05$；***$p<0.01$

根据似不相关回归估计结果，在工会企业中工会会员对于工资的影响大小为0.0174，但并不显著，说明工会企业中工会会员身份并没有对工资产生显著性的影响。这和采用 Blinder-Oaxaca 分解的方法估计总体工资差异结果一致，说明该估计结果具有一定的稳健性。

第六节　工会会员效应下的工会作用机制

一、工会会员身份对两个群体的总体工资差异没有造成显著性的影响

基于 OLS、GLS、IM + GLS 的 Blinder-Oaxaca 分解结果都显示系数差异并不明显，说明工会对于工会会员和非工会会员之间的工资差异没有造成显著性的影响。

在我国，当工会与雇主进行协商达成一致协议后，最终的工作条件或工资条款等适用于所有的劳动者，无论这些劳动者是否属于工会会员，因此工会企业中工会会员和非工会会员之间的工资溢价大大降低，甚至工会会员的工资溢价会消失，这都造成了"搭便车"问题的出现。在工资溢价不明显的情况下，为什么还有人愿意加入工会呢？当非工会会员也可以享受工会会员的待遇后，他们为什么还要向工会支付会费来加入工会呢？后面的 Blinder-Oaxaca 单变量分解结果给我们提供了答案。

二、工会会员身份通过改变劳动合同回报率影响了工资水平

在工会企业中，无论是否是工会会员，都具有较高的劳动合同签订率，在

劳动合同的禀赋效应方面没有明显的差异，但是在劳动合同的系数效应方面却存在显著性的差异。所以，工会会员身份通过劳动合同的回报率产生了一种工资溢价，造成工会会员和非工会会员之间的差别，只是这种差别被其他变量掩盖掉了。

三、工会会员身份通过集体合同的签订率影响了工资水平

在工会企业中，工会会员签订集体合同的数量要明显高于非工会会员，从而产生了集体合同禀赋效应。这正是工会在背后的推动导致的集体合同较高签订率。所以，集体合同禀赋效应可以归结为工会会员身份所带来的。综合来讲，工会会员身份通过劳动合同的系数效应和集体合同的禀赋效应提高工会会员的工资，从而产生了工会会员和非工会会员之间的工资差距。

四、工会会员身份通过提高人力资本回报率影响了工资水平

通过对于人力资本回报率的分解结果可以发现，工会通过提高劳动者的人力资本回报率来改变工会会员和非工会会员之间的工资差距；另外，这种作用很明显会造成收入分配的不均衡，即工会会员身份通过教育投资回报率使收入分配更加不均等。所以，通过对以上结果进行分解，工会对工资影响的主要途径可以采用图 6-1 来表示。

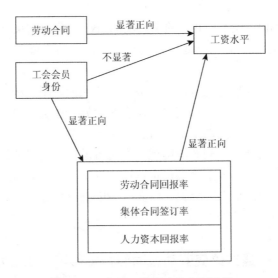

图 6-1　工会对工资影响的主要途径

五、工会的入会倾向是一种制度推动

在入会倾向方面，能够对劳动者入会选择产生显著影响的变量都具有一定的制度背景属性。像经验、教育等方面与制度关系不大的工会入会倾向系数并不显著，这说明劳动者是否加入工会与这些生产力因素没有直接的关系，这在一定程度上也说明了劳动者入会并不是完全自愿选择的，而是一定的制度因素推动，这通过劳动者某些属性反映出来，例如，劳动者所在企业的性质、城市、行业等。所以劳动者的入会倾向是一种制度推动，而非一种明显的自我选择。

六、工会会员身份可以进一步减少工资歧视

在工会覆盖效应中，工会企业可以减少性别工资差距。在工会会员效应中，工会会员身份可以进一步地减少性别工资差距。在婚姻状况方面也一样，工会会员的身份可以减少劳动者因为婚姻状况的差别而产生较大的差别。无论性别还是婚姻状况都与生产力没有直接的关系，这些因素都可以归为由于与生产力因素没有关系的特征而产生的工资差异，即工资歧视造成的，所以，工会会员身份可以减缓工资歧视。

第七章　工会覆盖效应、工会会员效应与工资分布

虽然在总体上，工会覆盖效应、工会会员效应的工资溢价不是很明显，但是这并不能排除工会在不同收入群体中对工资水平产生作用。通过总体数据来计算平均值会使得工会对某些群体中劳动者的工资影响的情况无法准确判断出来，或者被隐藏起来。为了证明这个问题，采用分位数回归方法，这种方法考虑了工会对不同收入群体的影响，可以判断出工会对小时工资对数分布的不同点的影响以及影响的程度。分位数回归的另一个优点就是通过分位数回归估计出来的系数对于因变量的异常值更具有稳健性。此外，在非正态误差情况下，分位数估计比最小二乘法更有效（Buchinsky，1998）。

为什么我们认为工会的工资溢价在不同的收入群体中不一样呢，而其他变量对不同的收入群体的影响是一样的吗？这是因为劳动者的生产率是一个不可观察的变量，它会依赖诸如工作地点等特征而改变。另外，生产率也会随着时间而发生变化。从某种程度上说，工会会员往往具有较高的生产率，所以在不同的工资分布下的溢价也不同。分位数回归可以使我们考虑可观察变量和不可观察变量的复杂的交互效应。

从工会企业和非工会企业劳动者的小时工资对数分布来看，在较低分位数上，两个群体的工资差异比较小，而在较高端的工资差异逐渐变大。在工会企业中，工会会员和非工会会员之间的工资差距在不同分位数上存在着方向性的差别，尤其是在较低端的分位数上，工会会员的工资低于非工会会员的工资，在较高端，工会会员的工资高于非工会会员的工资（具体数据见表 7-1，具体的工会企业和非工会企业、工会会员和非工会会员的分布见附图 1 和附图 2）。这说明工会可能在不同的分位数上存在着不同的影响。因此，为了能够了解工会在不同收入群体中对工资水平的影响，需要采用分位数回归方法来进行分析。

表 7-1　不同类型员工的小时工资对数分位数分布描述性统计

分位数	工会企业	非工会企业	工会会员	非工会会员
1 分位	1.163	1.070	1.041	1.305
5 分位	1.658	1.483	1.646	1.672
10 分位	1.897	1.715	1.946	1.844
25 分位	2.259	2.015	2.294	2.124

分位数	工会企业	非工会企业	工会会员	非工会会员
50 分位	2.521	2.351	2.540	2.457
75 分位	2.862	2.680	2.862	2.793
90 分位	3.150	3.045	3.150	3.243
95 分位	3.555	3.373	3.527	3.661
99 分位	4.317	4.066	4.382	4.157

基于明瑟方程回归 Blinder-Oaxaca 分解结果是条件平均值的差异。它掩盖了在整个工资分布上由工会的存在而导致的群体性工资差异。工会对于不同收入群体的劳动者影响程度是不一样的，尤其是工会在保护低收入群体的劳动者利益方面更加明显。由于我国是社会主义国家，国家为了防止收入分配差距过大会抑制高收入阶层的收入，工会在其中将会发挥积极的作用，所以工会对于高收入阶层将会压低其工资收入，这将会导致工会对于高收入群体的工资产生负面影响，进而使得整个工会覆盖下的劳动者或者工会会员的工资没有受到明显的影响。为了揭示工会对于不同收入群体的影响，有必要从工资分布角度来考察工会的作用。所以基于上述考虑，采用分位数回归下的 Blinder-Oaxaca 分解来具体揭示不同收入群体中劳动者工资受到工会的影响程度。

第一节　无条件分位数回归及其分解方法

分位数回归方程一般可写为

$$\ln W_i = X_i \beta_{\theta i} + \mu_{\theta i}, \quad i = u, n \tag{7-1}$$

其中，u 和 n 分别为劳动者所在企业为工会企业或非工会企业，或者代表工会企业中工会会员和非工会会员；X_i 为解释变量；$\beta_{\theta i}$ 为第 θ 分位数回归系数。第 θ 分位点工资的条件分位数为 $Q_\theta = (\ln W_i | X_i) = X_i \beta_{\theta i}$，$i = u, n$。$\beta_{\theta i}$ 可以通过下面的方程得到：

$$\hat{\beta}_{\theta i} = \text{Min}[\sum_j \rho_\theta (\ln W_{ij} - X_{ij} \beta_{\theta ij})], \quad i = u, n; j = 1, \cdots, n \tag{7-2}$$

其中，ρ_θ 为检查函数，$\rho_\theta = \theta - 1(\ln W_i - X_i \beta_{\theta i} \leq 0)$，$1(\cdot)$ 表示指示函数。

在分位数回归的基础上建立反事实的工资分布，并将之与实际的分布函数进行比较，将全部工会企业员工和非工会企业员工的工资差异或者工会企业中工会会员和非工会会员的工资差异分解为特征差异和系数差异。另外一项研究通过在解释变量集中进行条件分布计分的方法来获得非条件分布的估计，并给出了估计结果的渐近性质。按照该方法，第一步选定 M 个分位点，$\theta_k(k=1,2,\cdots,M;$ $0<\theta_k<1)$，根据选定的这些点进行条件分位数回归，估计出每个分位点的条件工资分布，将估计出来的系数标记为 $\hat{\beta}_i[\hat{\beta}_{\theta1i},\hat{\beta}_{\theta2i},\cdots,\hat{\beta}_{\theta Mi}]$，它们为 M 个分位点 θ_k 上的估计系数。第二步对条件分布按照所有自变量积分，获得分位点 θ 的无条件工资分布估计量。该估计公式为

$$\hat{Q}(X_i,\hat{\beta})=\inf\left\{Q:\frac{1}{N}\sum_{j=1}^{N}\sum_{k=1}^{M}(\theta_k-\theta_{k-1})1(X_{ij}\hat{\beta}_{\theta i}\leq Q)\geq\theta\right\}\qquad(7\text{-}3)$$

根据上面的式子构建反事实性的工资分布公式：

$$\hat{Q}^*(X_n,\hat{\beta}_u)=\inf\left\{Q:\frac{1}{N}\sum_{j=1}^{N}\sum_{k=1}^{M}(\theta_k-\theta_{k-1})1(X_{fj}\hat{\beta}_{\theta u}\leq Q)\geq\theta\right\}\qquad(7\text{-}4)$$

根据上面的无条件分布估计量和反事实状态的工资分布估计量，可以将 θ 分位数的工资差异分解如下：

$$Q_\theta(\ln\hat{W}_u)-Q_\theta(\ln\hat{W}_n)=[Q_\theta(X_u\hat{\beta}_u)-Q^*_\theta(X_n\hat{\beta}_u)]+[Q^*_\theta(X_n\hat{\beta}_u)-Q_\theta(X_n\hat{\beta}_n)]\qquad(7\text{-}5)$$

所以本节的研究主要采用式（7-5）对工会企业和非工会企业、工会会员和非工会会员的小时工资对数差异进行分解[①]。

第二节　工会覆盖效应和工会会员效应下的工资分布

一、工会覆盖效应下的工资分布实证结果

表7-2是基于雇员雇主匹配数据针对工会覆盖效应而进行的 OLS 回归的分位数估计。在工会企业中，集体合同对中等收入群体劳动者的工资影响程度最大，相对于不签订集体合同的劳动者的工资要高出 8.18%。在非工会企业中，集体合同对高端收入群体劳动者的工资影响最大，且与没有签订集体合同的劳动者相比高出 12.9%。

---

① 谭远发. 中国大学毕业生性别工资差距分布特征研究："天花板效应"还是"粘地板效应"？. 人口学刊, 2012,（6）: 51-63. 王震. 基于分位数回归分解的农民工性别工资差异研究. 世界经济文汇, 2010,（4）: 51-63.

表 7-2 工会覆盖效应下的分位数回归系数估计

变量	工会企业			非工会企业		
	(1)	(2)	(3)	(4)	(5)	(6)
	10 分位	50 分位	90 分位	10 分位	50 分位	90 分位
集体合同	0.058 9	0.081 8**	0.076 0	0.078 1	0.021 9	0.129*
	(0.046 7)	(0.034 9)	(0.048 3)	(0.094 8)	(0.046 4)	(0.074 2)
劳动合同	0.458***	0.293***	−0.122	0.115***	0.079 2***	0.094 8**
	(0.073 1)	(0.099 8)	(0.092 0)	(0.038 3)	(0.026 0)	(0.045 5)
党员	0.111*	0.027 7	0.022 1	−0.060 6	0.026 2	−0.036 8
	(0.058 6)	(0.027 7)	(0.094 9)	(0.044 9)	(0.043 4)	(0.069 9)
未婚	−0.048 5	−0.067 0	−0.120	−0.026 8	−0.043 8	−0.032 2
	(0.049 4)	(0.052 2)	(0.074 1)	(0.042 5)	(0.038 2)	(0.058 1)
农村户口	0.041 9	0.024 2	−0.093 7	0.030 5	−0.012 4	−0.000 557
	(0.049 8)	(0.031 6)	(0.067 8)	(0.025 5)	(0.026 0)	(0.033 1)
男性	0.124***	0.088 4***	0.207***	0.152***	0.187***	0.250***
	(0.039 1)	(0.026 1)	(0.054 3)	(0.033 4)	(0.023 4)	(0.045 8)
汉族	−0.091 5	0.024 9	−0.045 0	−0.041 2	−0.008 04	−0.120
	(0.164)	(0.061 3)	(0.226)	(0.053 7)	(0.052 8)	(0.176)
教育年限	0.049 1***	0.056 0***	0.057 9***	0.044 9***	0.043 3***	0.044 9***
	(0.009 89)	(0.007 28)	(0.010 7)	(0.009 93)	(0.005 93)	(0.007 14)
经验	0.013 1**	0.007 08	0.013 3	0.027 5***	0.027 6***	0.021 0**
	(0.006 35)	(0.007 95)	(0.011 4)	(0.006 50)	(0.005 29)	(0.008 90)
经验的平方	−0.000 377**	−6.03×10⁻⁵	−0.000 181	−0.000 788***	−0.000 764***	−0.000 406
	(0.000 187)	(0.000 203)	(0.000 323)	(0.000 182)	(0.000 139)	(0.000 250)
健康程度	0.012 0	0.052 6***	0.048 5	0.018 2	0.013 1	0.012 0
	(0.029 5)	(0.014 5)	(0.036 5)	(0.016 5)	(0.016 6)	(0.026 3)
英语水平	0.029 8	0.047 7**	0.064 9	0.017 4	0.038 6*	0.080 0***
	(0.032 0)	(0.022 6)	(0.045 4)	(0.026 5)	(0.020 4)	(0.024 4)
沟通	0.011 3	0.005 16	0.004 39	0.015 3	−0.001 66	−0.007 96
	(0.040 0)	(0.030 6)	(0.039 7)	(0.015 3)	(0.010 9)	(0.029 6)
基于绩效付酬程度	0.032 7	0.036 3*	0.028 2	0.020 3	0.002 34	0.026 1
	(0.022 3)	(0.019 5)	(0.032 1)	(0.017 0)	(0.013 3)	(0.023 0)
工作自主性	−0.007 90	0.006 93	−0.001 49	0.016 0	0.020 4	0.047 1*
	(0.024 2)	(0.022 6)	(0.033 2)	(0.017 2)	(0.015 1)	(0.025 4)
公司人数	1.73×10⁻⁶	2.37×10⁻⁵	7.04×10⁻⁵**	4.82×10⁻⁵	0.000 129***	0.000 102
	(2.65×10⁻⁵)	(2.27×10⁻⁵)	(2.92×10⁻⁵)	(6.91×10⁻⁵)	(4.44×10⁻⁵)	(8.41×10⁻⁵)
公司人均利润	0.001 06***	0.000 104	−0.000 287	0.000 939***	0.000 238	−0.000 538*
	(0.000 130)	(0.000 154)	(0.000 286)	(0.000 298)	(0.000 250)	(0.000 292)
集体企业	0.032 0	0.233***	0.336***	0.266***	0.132***	−0.011 8
	(0.082 0)	(0.065 8)	(0.104)	(0.077 9)	(0.046 3)	(0.120)

续表

变量	工会企业			非工会企业		
	(1)	(2)	(3)	(4)	(5)	(6)
	10 分位	50 分位	90 分位	10 分位	50 分位	90 分位
私营企业	0.054 1	0.094 1***	0.238***	0.236***	0.130***	−0.056 8
	(0.050 6)	(0.026 4)	(0.056 4)	(0.060 4)	(0.042 9)	(0.081 5)
港澳台企业	0.539***	0.442***	0.557***	0.546***	0.342***	0.270
	(0.196)	(0.077 4)	(0.089 0)	(0.058 1)	(0.095 0)	(0.182)
外资企业	0.322*	0.329***	0.610***	0.303**	0.394***	0.342**
	(0.184)	(0.103)	(0.113)	(0.121)	(0.145)	(0.162)
第三类城市	−0.346***	−0.422***	−0.601***	−0.448***	−0.525***	−0.481***
	(0.050 3)	(0.052 9)	(0.102)	(0.062 8)	(0.047 7)	(0.086 1)
第二类城市	−0.141***	−0.212***	−0.311***	−0.194***	−0.197***	−0.247***
	(0.046 4)	(0.034 6)	(0.063 7)	(0.044 8)	(0.027 0)	(0.074 6)
第四类城市	−0.582***	−0.433***	−0.154	−0.544***	−0.412***	−0.399***
	(0.090 2)	(0.085 3)	(0.138)	(0.065 8)	(0.066 9)	(0.086 2)
第二类行业	1.300**	0.435**	−0.465	−0.439***	0.175	0.577***
	(0.605)	(0.218)	(0.289)	(0.108)	(0.311)	(0.213)
第三类行业	−0.121*	−0.273***	−0.098 4	−0.425***	−0.424***	−0.329***
	(0.065 6)	(0.042 3)	(0.137)	(0.053 3)	(0.053 0)	(0.062 0)
第四类行业	0.020 7	−0.035 7	0.130	−0.292***	−0.194***	−0.210**
	(0.078 3)	(0.038 9)	(0.151)	(0.109)	(0.052 9)	(0.088 4)
第五类行业	−0.200***	−0.229***	−0.233***	−0.315***	−0.310***	−0.289***
	(0.052 1)	(0.033 6)	(0.062 4)	(0.050 4)	(0.044 4)	(0.075 7)
第六类行业	−0.216	−0.018 4	−0.109	−0.197**	−0.162**	−0.176
	(0.296)	(0.086 5)	(0.152)	(0.096 9)	(0.068 1)	(0.192)
常数	0.887***	1.199***	2.032***	1.065***	1.733***	2.267***
	(0.239)	(0.236)	(0.347)	(0.173)	(0.139)	(0.273)
观测值	1 246	1 246	1 246	2 240	2 240	2 240
准 R^2	0.246 0	0.200 8	0.286 6	0.246 1	0.216 1	0.252 9
Mss 检验			2.955			6.697
Mss 检验 p 值			0.228			0.035

注：括号内数据表示标准误；*$p<0.1$；**$p<0.05$；***$p<0.01$

在工会企业中，劳动合同主要显著性地影响到中低层收入群体：在该群体的低端收入阶层，和没有签订劳动合同的劳动者相比，签订劳动合同的劳动者工资明显要高 45.8%。在中端收入阶层中，和没有签订劳动合同的劳动者相比，签订劳动合同的劳动者小时工资对数平均高出 29.3%，对于高端收入群体，劳动合同对于劳动者工资影响并不明显。然而在非工会企业中，劳动合同对各个收入阶层的劳动者收入都有着显著性的影响，只是影响程度略有差别：劳动合同更有助于较低端和较高端劳动者工资水平的提高。

另外值得关注的是教育年限变量。在工会企业中，教育年限在不同的收入群体中的回报率也不同。总体而言，教育年限在高端收入群体中的回报率最高，达到 5.79%，在较低的收入群体中，投资回报率只有 4.91%。在非工会企业中，教育的回报率在各个收入层次上的回报率几乎没有变化，均保持在 4.4%左右。这说明教育年限在工会企业和非工会企业中的回报率不同，工会企业有利于通过提高教育年限提高劳动者的收入。通过教育年限在不同群体中的回报率分析也可以发现工会企业更容易通过教育回报率导致收入不平等。

另外，在性别方面，相比非工会企业而言，工会企业总体上缩小了性别工资差异，工会企业在不同收入水平上的性别工资有着不同的影响：在较低收入群体中，性别工资差距是 12.4%，在高端收入群体中，性别工资差距为 20.7%，而对于中等收入群体，性别工资差距为 8.84%，这说明工会更有利于缩小中等收入群体的性别工资差距。

最后，企业性质、城市类型以及行业类型等控制变量不但总体上导致了工会企业和非工会企业之间产生了平均的工资差异，还在不同收入群体中产生了显著性的影响（具体的影响趋势可以参见附图 3 和附图 4）。

为了获得工会在不同收入群体中的影响程度，进一步采用了 Blinder-Oaxaca 分解，表 7-3 显示了工会覆盖效应在不同的收入群体中产生的平均效应。从表中可以看出，在处于底层收入 10%的收入群体中，工会企业劳动者和非工会企业劳动者的小时工资对数差异为 0.195，其中特征差异为 0.126，占总差异的 64.6%，系数差异为 0.0692，占总差异的 35.4%。对于处于中位数群体的中等收入阶层而言，工会企业劳动者和非工会企业劳动者的工资差异为 0.181，其中特征差异为 0.144，占总差异的 79.6%，系数差异为 0.0369，占总差异的 20.4%。对于更高收入的劳动者来说，系数差异减少了工会企业和非工会企业之间的差距，总体的工资差距主要是由两个群体中特征差异造成的。

表 7-3　工会覆盖效应的工资分布差异分解

工会覆盖	差异类型	分位数				
		10 分位	25 分位	50 分位	75 分位	90 分位
	总差异	0.195	0.192	0.181	0.155	0.153
OLS	特征差异	0.126	0.133	0.144	0.162	0.181
	系数差异	0.069 2	0.058 7	0.036 9	−0.007 28	−0.028 6

　　为了直观地显示工会覆盖工资溢价的系数效应，把收入群体分为十等份，并以横轴表示劳动者所在的收入群体，纵轴表示对应收入群体中的总差异、特征差异以及系数差异，绘制图7-1。从图中可以直观地看出，工会企业劳动者和非工会企业劳动者的特征效应和系数效用的作用趋势：在较低收入群体中，系数效应和特征效应都导致了工会企业劳动者和非工会企业劳动者的工资差距的扩大。但是，随着收入的提高，这两种作用呈现了相反的趋势，即在低收入群体中，系数效应和特征效应共同造成了两个群体中的工资差异，但是在高收入群体中，系数效应减少了两个群体中的工资差异，总差异主要是由特征差异造成的。这两种作用的综合结果表现为在收入低端，两个群体收入差距最大，在收入的高端，两个群体的收入差距反而变小。这说明工会起到了缩小高收入群体和低收入群体由禀赋不同而导致的工资差距的作用，进而起到了减缓工资分布不平等的作用。

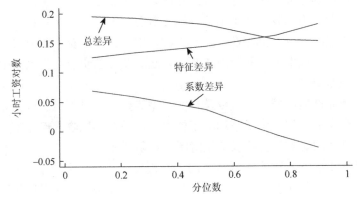

图 7-1　　工会覆盖效应下的工资分布差异

二、工会会员身份效应的工资分布实证结果

　　在工会企业的工会会员群体中，集体合同对工资存在积极的正向影响，尤其是在较低收入群体中，起到了保护劳动者工资的作用：相比没有签订集体合同的劳动者，签订集体合同的工资溢价达到 13.5%（表7-4）。然而，在非工会群体中，是否签订集体合同对劳动者的工资没有显著性的影响。这是由于工会具有强烈的覆盖效应，即在工会企业中，无论劳动者是否为工会会员，对于劳动者都有保护作用，只不过是存在着监督力度的区别，数据表明工会对工会会员的集体合同执行力度监督更加严格，从而使得其签订集体合同的劳动者具有明显的工资溢价。劳动合同的情况与之类似。

　　同样，工会会员的教育年限在不同的收入群体中的回报率存在着明显的不同，随着收入分位数的提高，教育的投资回报率也在不断地提高：最低端收入群体中劳动者的教育年限回报率为 4.7%，最高端收入群体中劳动者的教育年限回报率为 6.15%；非工会会员的教育回报率在各个收入群体中没有发生明显的改变，都基本维持在 3.5% 左右。这说明教育年限导致了工会会员内部工资差距的扩大。

表 7-4 工会会员效应下的分位数回归系数估计

变量	工会企业			非工会企业		
	(1)	(2)	(3)	(4)	(5)	(6)
	10 分位	50 分位	90 分位	10 分位	50 分位	90 分位
集体合同	0.135**	0.075 8**	0.079 0*	−0.054 8	0.155	0.081 9
	(0.063 0)	(0.037 8)	(0.047 8)	(0.109)	(0.103)	(0.168)
劳动合同	0.445***	0.409***	0.393***	0.256*	−0.086 2	−0.125
	(0.060 6)	(0.103)	(0.071 3)	(0.150)	(0.134)	(0.094 8)
党员	0.041 8	0.039 5	0.039 3	0.183*	0.059 1	−0.119
	(0.086 9)	(0.035 9)	(0.075 1)	(0.106)	(0.096 8)	(0.242)
未婚	0.004 51	0.003 64	−0.127	−0.121	−0.131	−0.065 9
	(0.099 2)	(0.058 7)	(0.087 4)	(0.111)	(0.097 6)	(0.113)
农村户口	0.034 3	0.005 38	−0.032 0	−0.018 2	−0.023 5	−0.031 0
	(0.048 9)	(0.043 4)	(0.070 5)	(0.087 9)	(0.078 9)	(0.119)
男性	0.063 4	0.058 1**	0.174***	0.100	0.153**	0.140
	(0.053 0)	(0.028 4)	(0.046 6)	(0.079 0)	(0.068 2)	(0.115)
汉族	0.006 95	−0.018 3	−0.261	−0.198	0.003 98	0.323*
	(0.175)	(0.094 6)	(0.326)	(0.144)	(0.112)	(0.194)
教育年限	0.047 0***	0.059 5***	0.061 5***	0.031 1*	0.035 4**	0.039 5
	(0.016 7)	(0.005 95)	(0.014 6)	(0.016 3)	(0.016 0)	(0.024 9)
经验	0.014 5	0.015 3	0.019 3*	0.001 22	0.017 7	0.023 6
	(0.011 2)	(0.010 2)	(0.011 1)	(0.024 8)	(0.015 0)	(0.023 6)
经验的平方	−0.000 349	−0.000 244	−0.000 323	−0.000 311	−0.000 673	−0.000 277
	(0.000 249)	(0.000 299)	(0.000 292)	(0.000 677)	(0.000 412)	(0.000 642)
健康程度	0.022 8	0.085 6***	0.073 6**	−0.020 5	0.025 3	0.019 5
	(0.037 5)	(0.024 0)	(0.033 2)	(0.056 2)	(0.055 6)	(0.062 9)
英语水平	0.024 6	0.046 9	0.018 4	0.011 2	0.056 9	0.154*
	(0.030 2)	(0.033 3)	(0.036 4)	(0.042 7)	(0.050 8)	(0.081 8)
沟通	0.025 4	0.027 2	0.031 9	−0.014 5	−0.035 3	−0.027 9
	(0.048 9)	(0.022 0)	(0.035 9)	(0.047 6)	(0.033 1)	(0.049 5)
基于绩效付酬程度	0.004 53	0.024 1	0.014 0	0.066 6*	0.084 0***	0.014 7
	(0.032 7)	(0.018 4)	(0.023 0)	(0.039 8)	(0.022 9)	(0.046 2)
工作自主性	0.003 65	0.018 0	0.020 9	0.002 70	−0.013 6	−0.002 82
	(0.034 9)	(0.025 1)	(0.034 4)	(0.040 8)	(0.030 0)	(0.053 9)

续表

变量	工会企业			非工会企业		
	(1)	(2)	(3)	(4)	(5)	(6)
	10 分位	50 分位	90 分位	10 分位	50 分位	90 分位
公司人数	$3.19×10^{-5}$	$6.15×10^{-5***}$	$0.000\ 124^{***}$	$-3.79×10^{-5}$	$-5.42×10^{-6}$	$3.81×10^{-5}$
	$(3.87×10^{-5})$	$(2.86×10^{-5})$	$(2.02×10^{-5})$	$(6.87×10^{-5})$	$(3.47×10^{-5})$	$(7.06×10^{-5})$
公司人均利润	$0.000\ 952^{***}$	$4.52×10^{-5}$	$-0.000\ 137$	$0.000\ 976$	$0.000\ 210$	$-0.001\ 15$
	$(0.000\ 343)$	$(0.000\ 217)$	$(0.000\ 296)$	$(0.045\ 2)$	$(0.042\ 1)$	$(0.047\ 6)$
集体企业	$-0.038\ 6$	0.257^{***}	0.490^{***}	$-0.060\ 7$	$0.088\ 6$	0.385^{*}
	(0.289)	$(0.068\ 0)$	(0.113)	(0.234)	(0.130)	(0.227)
私营企业	0.102	0.171^{***}	0.342^{***}	$-0.069\ 9$	-0.188^{**}	$-0.007\ 88$
	$(0.063\ 9)$	$(0.043\ 1)$	$(0.080\ 0)$	(0.136)	$(0.085\ 7)$	(0.165)
港澳台企业	0.527^{***}	0.518^{***}	0.626^{***}	0.673	0.169	-0.294
	(0.137)	$(0.071\ 0)$	(0.156)	(0.526)	(0.272)	(0.688)
外资企业	0.333	0.399^{***}	0.927^{***}	0.223	0.230	$-0.039\ 3$
	(0.211)	(0.120)	(0.276)	(0.149)	(0.178)	(0.320)
第三类城市	-0.473^{***}	-0.517^{***}	-0.627^{***}	-0.192^{*}	-0.288^{**}	-1.123^{***}
	(0.125)	$(0.051\ 1)$	$(0.059\ 2)$	(0.109)	(0.139)	(0.200)
第二类城市	-0.169^{**}	-0.182^{***}	-0.281^{***}	$-0.095\ 4$	-0.175^{*}	-0.640^{***}
	$(0.072\ 7)$	$(0.052\ 4)$	$(0.051\ 2)$	(0.117)	(0.105)	(0.190)
第四类城市	-0.642^{***}	-0.427^{***}	-0.286^{*}	-0.274^{*}	-0.386^{***}	-0.444^{*}
	(0.144)	(0.111)	(0.147)	(0.155)	(0.135)	(0.235)
第二类行业				1.146^{**}	-0.114	-0.743^{*}
				(0.515)	(0.149)	(0.414)
第三类行业	-0.162	-0.372^{***}	-0.379^{***}	$-0.080\ 9$	-0.398^{***}	-0.104
	(0.102)	$(0.073\ 6)$	(0.141)	(0.153)	(0.144)	(0.254)
第四类行业	$0.088\ 0$	$-0.039\ 8$	0.341^{*}	-0.220	-0.129	$-0.075\ 0$
	$(0.087\ 9)$	$(0.053\ 2)$	(0.175)	(0.332)	(0.145)	(0.228)
第五类行业	-0.128^{**}	-0.178^{***}	-0.248^{***}	-0.350^{***}	-0.450^{***}	-0.388^{**}
	$(0.058\ 6)$	$(0.045\ 1)$	$(0.061\ 1)$	(0.124)	(0.103)	(0.178)
第六类行业	-0.118	0.149	0.446^{*}	-0.464	-0.266^{**}	-0.214
	(0.180)	$(0.092\ 9)$	(0.245)	(0.486)	(0.116)	(0.195)
常数	0.788^{***}	0.745^{***}	1.396^{***}	1.827^{***}	2.268^{***}	2.559^{***}
	(0.285)	(0.198)	(0.369)	(0.663)	(0.417)	(0.379)
观测值	850	850	850	396	396	396
准 R^2	0.300 7	0.233 9	0.285 4	0.225 1	0.249 1	0.401 7
Mss 检验			2.583			9.817
Mss 检验 p 值			0.275			0.007

注：括号内数据表示标准误；*$p<0.1$；**$p<0.05$；***$p<0.01$

表 7-5 所示为基于工会会员身份效应的分位数回归分解结果。在最低端收入的分位数上，工会会员和非工会会员的小时工资对数差异为 0.126，其中特征差异为 0.0618，占总差异的 49%，系数差异为 0.0644，占总差异的 51%。在最高端收入群体中，工会会员与非工会会员之间的差异为−0.0689，其中这种差异主要是由系数效应引起的。从总体上看，工会会员和非工会会员之间的特征差异在不同的收入群体中并没有发生较大的变化，只是系数效应在不同收入群体中改变较大。系数效应在较低收入群体中提高了工会会员的工资，在较高的收入群体中压低了工会会员的工资。

表 7-5　工会会员效应的分位数回归分解结果

工会会员	差异类型	分位数				
		10 分位	25 分位	50 分位	75 分位	90 分位
OLS	总差异	0.126	0.142	0.090 7	0.028 0	−0.068 9
	特征差异	0.061 8	0.067 5	0.067 0	0.063 6	0.010 6
	系数差异	0.064 4	0.074 3	0.023 6	−0.035 6	−0.079 5

同样，为了反映工会会员和非工会会员工资的总差异、特征差异以及系数差异在不同收入群体中的变化，绘制图 7-2。从图中可以看出，随着收入的提高，工会会员和非工会会员之间的工资差异在不断地降低；而特征差异除了在最高端的收入群体外，在其他各个群体中没有发生明显的变化；系数差异则随着收入水平的提高在不断地缩小，乃至最终出现反向差异。所以工会会员和非工会会员的系数差异在高端收入群体中起到了缩小工资差异的作用。

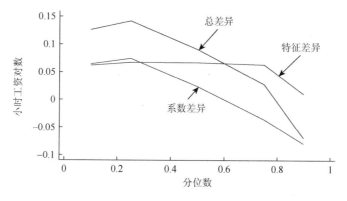

图 7-2　工会会员效应下的工资分布差异

第三节　工会覆盖效应和工会会员效应对工资分布的影响

一、工会覆盖效应下工会企业劳动者与非工会企业劳动者的工资差距呈现"粘地板效应"

通过对工会覆盖效应下的两个群体工资进行基于分位数回归的 Blinder-Oaxaca 分解,发现随着小时工资对数的分位点上升,工会企业劳动者和非工会企业劳动者工资差距在不断地下降,这说明两个群体的工资差异呈现"粘地板效应";另外,系数效应部分随着收入分位点的上升在不断下降,而特征效应随着收入分位点的上升而上升,这说明工会覆盖效应下的这种工资差距的"粘地板效应"是由于特征效应的"天花板效应"和系数效应的"粘地板效应"综合作用形成的。从这种综合作用的结果来看,工会加大了低端收入群体的收入分布的差距,降低了高端收入群体的收入分布的不均等。

工会对工资分布不同分位数上的影响的原因有很多,通常来说,工会由于部门效应,会提高工会企业和非工会企业、工会会员和非工会会员之间的工资差距,同时会降低工会企业内部以及工会会员内部的工资分布的不平等性,即所谓的部门效应和内部效应。根据对我国工会与工资分布的实证研究,部门效应和内部效应却与上述结论不完全相符:工会会提高较低分位数上劳动者的工资,即部门效应提高了工资差距,内部效应减少了工资差距;但是在高位数收入分布上则会降低工资差距,这种情况下部门效应和内部效应均减少了工资差距,这两种作用的综合效果最终会使得工资差距随着可观察的劳动者技术水平等因素的增加而降低,该现象表现为工资差距随着工资收入分位数的上升而减少。

二、工会会员身份效应下工会会员和非工会会员的工资差距呈现"粘地板效应"

根据分位数 OLS 估计后的 Blinder-Oaxaca 分解结果,工会会员和非工会会员之间的工资差距随着收入分位点的上升而不断下降,且下降的幅度要明显高于工会覆盖效应下的工会企业和非工会企业的工资差距下降幅度。其中,特征效应在较高分位点上明显下降,在较低分位点上没有发生明显变化。而系数效应随着分位点的上升在不断地下降,尤其是在中高分位点上,系数效应为负数,即减少了由特征效应造成的工资差距。所以,工会的系数效应对中高分位点的劳动者收入具有压缩作用,减缓了其工资分布的不平等性。

三、工会覆盖效应和工会会员身份效应下特征差异作用明显不同

在工会覆盖效应下，特征效应随着收入分位点的上升在不断增强，这说明特征效应是造成工资差距扩大的重要因素，而且在较高收入分位点上其所占的比例越来越大。在工会会员身份效应下，特征效应虽然也是造成工资差距的重要原因，但是在较高收入分位点上的差异在不断地减小，而不像工会覆盖效应下的特征效应在不断地扩大收入差距。

四、工会企业更有利于减缓中等收入的性别工资歧视

在性别方面，相比非工会企业而言，工会企业总体上缩小了性别工资差异，工会企业对不同收入水平上的性别工资有着不同的影响：在较低收入群体中，性别工资差距为 0.124，在高端收入群体中，性别工资差距为 0.207，而对于中等收入群体，性别工资差距为 0.0884（具体数据见表 7-2），这说明工会更有利于缩小中等收入群体的性别工资差距。这种结果可以用工会的监督机制来进行解释：工会在企业中作为劳动者利益代表，负有监督企业不当劳动行为的义务。根据劳动法律法规，工会的监督职责一般需要通过一定的手段来执行，如用人单位的规章制度、劳动合同、规范的用工制度等。然而对于较低收入群体，他们所在的企业用工制度还不是很规范，如通常是劳务派遣、临时用工等，这就使得工会对该群体的监督力度会明显减弱。对于高收入阶层，收入来源具有多样性，工作具有较高的灵活性等特点，工会对性别工资歧视难以辨别，在监督方面也不具有较高的可行性。中等收入群体所在的企业，用工制度完善，在工时制度、工资制度以及劳动合同等方面都比较规范，也比较容易监督。所以，中等收入群体的性别工资差距最小。

第八章　工会与工资不平等——主要来自中国综合社会调查数据的经验

第一节　工会会员与非工会会员的收入分配描述性

一、工会会员、非工会会员与收入分布

基于 2008 年的中国综合社会调查数据利用分位数统计出来的结果（表 8-1）发现，工会会员的平均收入要比非工会会员的平均收入高，而且这种工资水平的优势几乎在每个分位数上都可以体现出来。另外，各个分位数上的工会会员与非工会会员的工资差距变化比较大：在 10 分位上，工会会员的平均工资低于非工会会员的平均工资 0.12 元；在 25 分位上，工会会员的工资明显高于非工会会员的工资 0.22 元；在 50 分位上，工会会员的工资高于非工会会员的工资 0.38 元；在 75 分位上，工会会员的工资与非工会会员的工资差距进一步加大，平均值差异达到 0.51 元；在 90 分位上，二者的差距为 0.25 元。

表 8-1　工会会员和非工会会员的收入五分位各变量的描述性统计

工作性质	工会会员	非工会会员
10 分位	1.682 692	
收入平均值	0.892 331 5	1.017 661
收入份额	0.006%	
人数比例	1.40%	6.35%
全职	66.67%	58.91%
兼职	33.33%	41.09%
工作小时数	71.01/周	74.95/周
25 分位	3.663 004	
收入平均值	2.892 102	2.675 096
收入份额	0.072%	
人数比例	5.13%	13.54%
全职	81.82%	67.05%

续表

工作性质	工会会员		非工会会员
25 分位		3.663 004	
兼职	18.18%		32.95%
工作小时数	59.21/周		62.10/周
50 分位		8.241 758	
收入平均值	6.170 2		5.790 133
收入份额	0.647%		
人数比例	22.96%		36.96%
全职	93.40%		78.76%
兼职	6.40%		21.24%
工作小时数	52.07/周		54.43/周
75 分位		17.104 7	
收入平均值	12.223 01		11.711 07
收入份额	2.12%		
人数	38.58%		28.35%
全职	96.37%		86.03%
兼职	3.63%		13.97%
工作小时数	45.61		49.28
90 分位		38.461 54	
收入平均值	24.190 81		23.944 87
收入份额			
人数	31.93%		14.80%
全职	96.72%	858	87.05%
兼职	3.28%		22.95%
工作小时数	42.33/周		43.10/周

注: 5 分位节点是由工会会员和非工会会员综合样本形成的

　　另外，从 10 分位到 90 分位，工会会员和非工会会员每周工作的小时数也存在着一致性的差异，即非工会会员在任何一个分位数上的工作时间总是高于工会会员的工作小时数，而且在底部分位数上工作时间差异最大，在最高的分位数上工会会员与非工会会员的工资差距最小。在底部分位数上工会会员平均工作小时数明显小于非工会会员平均工作小时数，其可能是由这两个部门工作性质不同造成的，即工会部门中的全日制工作人数比例较大。在 10 分位上，工会会员兼职工作人数比例是 33.33%；在 25 分位上，工会会员兼职工作的比例为 18.18%，而非工会会员在两个分位上的兼职比例分别达到 41.09%、32.95%；在较高分位上，工会会员的兼职比例虽然也明显少于非工会会员的兼职比例，但是，从兼职与全职比例来看，两个部门都明显下降，从而使得工会部门和非工会部门的兼职比例显著小于底部分位上的兼职比例，也在一定程度上使得在较高分位上工会会员与非工会会员的工作时间差距减少。

从人数分布来看，在较低分位上非工会会员的比例较大，在较高分位上非工会会员的比例要小于工会会员的比例：①在 10 分位上，工会会员只有 1.40%，非工会会员的比例达到 6.35%；②在 50 分位上，非工会会员的比例达到 36.96%，而工会会员的比例依然较低，只有 22.96%；③在较高分位上，工会会员的比例开始超过非工会会员的比例。所以，从总体来看，较为富裕的人群中，工会会员的概率较大，而在较低的收入群体中，非工会会员人数较多。

二、工会会员、非工会会员收入方差统计

1. 不同属性下的工会会员和非工会会员工资方差

表 8-2 列出了工会会员和非工会会员小时工资对数总体标准差以及这些标准差的差异。在没有控制变量的情况下，工会和非工会样本及其子样本的差异是非常明显的：无论在男性还是女性以及总体样本中，工会会员的工资分散程度都要明显低于非工会会员，标准差的差异范围为−0.4233～−0.3642，这些均说明工会会员的工资不平等程度低于非工会会员。

表 8-2　各群体的小时工资对数方差

群体	观测数	工资对数的标准方差
工会会员	1 004	1.402 6
非工会会员	4 570	1.801 3
差异	—	−0.398 7
标准差差异性 F 检验	—	$f = 1.649\ 4$ $Pr\ (F > f) = 0.000\ 0$
男性工会会员	599	1.379 2
男性非工会会员	2 147	1.802 6
差异	—	−0.423 3
标准差差异性 F 检验	—	$f = 1.708\ 1$ $Pr\ (F > f) = 0.000\ 0$
女性工会会员	405	1.436 1
女性非工会会员	2 423	1.800 3

续表

群体	观测数	工资对数的标准方差
差异	—	−0.364 2
标准差差异性 F 检验		$f = 1.571\ 7$ $\mathrm{Pr}\ (F>f) = 0.000\ 0$
工会会员	1 004	1.402 6
非工会会员	4 570	1.801 3
差异	—	−0.398 7
标准差差异性 F 检验		$f = 1.649\ 4$ $\mathrm{Pr}\ (F>f) = 0.000\ 0$

注：表中数据来源于 2008 年的中国综合社会调查数据

2. 不同属性下的工会会员和非工会会员的组内、组间工资方差

工会会员和非工会会员内部的工资分散程度是不一样的，它们不仅受到劳动力市场的影响，也受到工会的影响。为了获得工会对于工资不平等性的影响，分析了5977 个工会会员和非工会会员的工资水平。表 8-3 以劳动者小时工资对数的标准差来衡量工会对于工资平等性分布的作用。从表中可以看出，工会会员与非工会会员平均组内方差为 3.0147，组间方差为 344.4804，组间方差远远大于组内方差。另外，女性和男性群体中的工会会员和非工会会员的组间方差也远远大于组内方差，说明工资不平等主要产生于工会会员和非工会会员两个群体之间，而非这两个群体内部。

表 8-3　各群体小时工资对数方差分析结果

均方和	观测数	工资对数的标准方差
工会会员和非工会会员		
组内	3.014 7	
组间	344.480 4	
		$F = 114.27$ $\mathrm{Prob}>F = 0.000\ 0$
女性工会会员和女性非工会会员		
组内	3.072 7	
组间	163.608 2	
		$F = 53.25$ $\mathrm{Prob}>F = 0.000\ 0$
男性工会会员和男性非工会会员		
组内	2.955 7	
组间	185.077 9	
		$F = 62.62$ $\mathrm{Prob}>F = 0.000\ 0$

3. 工会会员和非工会会员的小时工资对数分布

根据 2008 年中国综合社会调查数据绘制的工会会员与非工会会员的小时工资对数分布图如图 8-1 所示。该图形分布越集中、峰度越高，说明收入越平等。如果图 8-1 所示图形是一个垂直直线形状，那么劳动者的收入水平完全平等化，即所有劳动者的工资收入都一样。图 8-1 显示了工会大部分会员的工资水平都集中在平均工资水平附近，具有较高的峰度。而非工会会员的工资水平相对于其平均工资水平比较分散。工会会员的工资分布曲线位于非工会会员的工资分布曲线右边，这说明工会会员的平均工资明显高于非工会会员的平均工资。在工会会员身份下，低于平均工资水平工会会员人数较少。根据图 8-1 所示的特征，可以判断工会会员的工资水平的不平等程度要明显低于非工会会员工资的不平等程度。随着越来越多的企业采用绩效工资制度，工会对于促进公司内部的公平性，以及整个社会的公平性都将会起着越来越重要的作用。

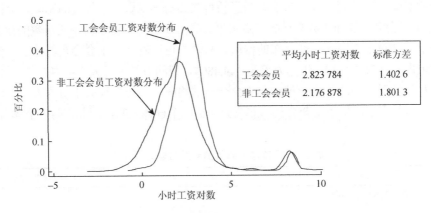

图 8-1　工会会员与非工会会员小时工资对数分布图

三、工会会员和非工会会员的基尼系数统计

尽管我国工会的工资溢价不是很大，但是它在影响和改变工资结构方面的作用比较明显，正如在工会覆盖工资溢价和工会会员工资溢价的实证分析中的收入工资等式中系数所反映出来的一样。在劳动者的工资分布中，工会具有降低工资分散性、提高劳动者收入平等性的作用。表 8-4 反映了在 STATA 软件中利用 DASP（distributive analysis STATA package，分布分析 STATA 包）模块，根据 2008 年的数据，计算工会会员和非工会会员两个群体的基尼系数以及最低 10 分位的财富与最高 10 分位财富之比。

表 8-4　2008 年各群体基尼系数、分位数比估计结果

群体	估计的基尼系数	基尼系数的标准方差	基尼系数最低值	基尼系数最高值
非工会会员	0.405	0.005 58	0.394	0.416
工会会员	0.231	0.008 34	0.214	0.247
总体	0.376	0.004 83	0.366	0.385

群体	估计的分位数比	分位数比的标准方差	分位数比最低值	分位数比最高值
非工会会员	0.116	0.008 50	0.099 2	0.133
工会会员	0.405	0.014 4	0.377	0.434
总体	0.148	0.008 16	0.132	0.164

从表 8-4 中可以看出，非工会会员的基尼系数是 0.405，工会会员的基尼系数为 0.231，明显低于非工会会员的基尼系数。最低收入的 10 分位群体中的小时工资对数与最高收入的 10 分位群体中的小时工资对数比值的平均估计结果差别也比较大：非工会会员群体中该指标估计结果为 0.116，而工会会员的为 0.405。可见，无论从基尼系数还是从分位数之比的估计来看，工会会员的收入差距都比非工会会员的收入差距明显要小。

另外，为了研究工会会员和非工会会员在各个人口比例下的财富差距问题，采用洛伦兹曲线来进行分析。图 8-2 是根据 2008 年的数据，采用 STATA 中 DASP 模块绘出的洛伦兹曲线图。

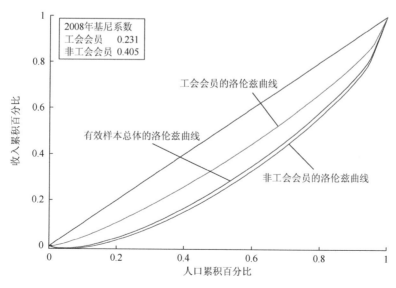

图 8-2　2008 年工会会员、非工会会员、样本总体小时工资对数洛伦兹曲线

　　从工会会员和非工会会员小时工资对数的洛伦兹曲线位置可以看出，工会会员的洛伦兹曲线占优，即在洛伦兹曲线中，对于某个特定的累积人口比例，工会会员的累积小时工资对数份额都比非工会会员的累积份额要大，这就意味着工会会员的洛伦兹曲线完全位于非工会会员的洛伦兹曲线的上方，出现了工会会员的洛伦兹曲线优于非工会会员的洛伦兹曲线的情形，根据这一分析结果，说明工会会员的工资分布要比非工会会员的工资分布更加公平。这种情况比较容易判断工会与非工会的工资不平等情况，因为毕竟没有出现洛伦兹曲线交叉的情形，那样就需要用其他标准做进一步的分析。

　　不同性别群体中工会会员和非工会会员之间的基尼系数也存在着较大的差异（表8-5）。在男性群体中，工会会员和非工会会员之间的基尼系数差别比较明显，工会会员的基尼系数为0.233，非工会会员的基尼系数为0.410，统计结果表明男性工会会员和女性工会会员之间的工资差别非常显著。在女性群体中，工会会员的基尼系数为0.227，非工会会员的基尼系数为0.400，在统计学上二者的差异也是非常显著的。

表8-5　不同性别下工会会员和非工会会员的基尼系数差别

	指标	估计值	标准误	t值	P>|t|	95%的置信区间	
男性	工会会员基尼系数	0.233	0.010 9	21.47	0	0.212	0.254
	非工会会员基尼系数	0.410	0.008 23	49.82	0	0.394	0.426
	二者差异	0.177	0.013 6	12.99	0	0.150	0.204
女性	工会会员基尼系数	0.227	0.012 9	17.52	0	0.201	0.252
	非工会会员基尼系数	0.400	0.007 58	52.77	0	0.385	0.415
	二者差异	0.173	0.015 0	11.54	0	0.144	0.202

第二节　中国工会对工资收入不平等影响的实证策略

一、基尼系数的再中心化影响函数回归

1. 基尼系数的再中心化影响函数（recentered influence function，RIF）构建

　　Firpo 等（2007）通过建立 RIF 和各种统计量之间的对应关系，将所需要的统计量表示为其他变量的线性投影，进而可以计算所需要考察的变量对相应统计量的影响大小和显著性。假设 $v=v(F)$ 是定义在任意分布函数 F 上的泛函。根据本节研究目的，v 表示刻画分布 $F(y)$ 的基尼系数。Y 的无条件分布函数（边缘分布函数）可以写为

$$F_Y(y) = \int F_{Y|X}(y|X=x)\mathrm{d}F_X(X) \tag{8-1}$$

任意分布 $F(y)$ 的 RIF 可以定义为

$$\mathrm{RIF}(y;v) \equiv v(F) + \mathrm{IF}(y;v) = v(F) + \lim_{\varepsilon \to 0}\frac{v(F_\varepsilon) - v(F_\varepsilon)}{\varepsilon} \tag{8-2}$$

基尼系数可以界定为

$$v^{GC}(F_Y) = 1 - 2\mu^{-1}R(F_Y) \tag{8-3}$$

其中，$R(F_Y) = \int_0^1 \mathrm{GL}(p;F_Y)\mathrm{d}p$ ，$\mathrm{GL}(p;F_Y)$ 表示洛伦兹曲线坐标，$\mathrm{GL}(p;F_Y) = \int_{-\infty}^{F^{-1}(P)} z\mathrm{d}F_Y(z)$ 。

Monti（1991）将基尼系数的影响函数表达为

$$\mathrm{IF}(y;v^{GC}) = A_2(F_Y) + B_2(F_Y)y + C_2(y;F_Y) \tag{8-4}$$

其中

$$A_2(F_Y) = 2\eta^{-1}R(F_Y)$$

$$B_2(F_Y) = 2\eta^{-2}R(F_Y)$$

$$C_2(y;F_Y) = -2\eta^{-1}\{y[1-p(y)] + \mathrm{GL}(p(y);F_Y)\}$$

根据式（8-2）～式（8-4），基尼系数的 RIF 可以表示为

$$\mathrm{RIF}(y;v^{GC}) \equiv 1 + B_2(F_Y)y + C_2(y;F_Y) \tag{8-5}$$

在估计中，GL 坐标是采用一系列的数据点 $y_1, y_2, \cdots, y_N$ 计算出来的，并且按照 $y_1 \leqslant y_2 \leqslant \cdots \leqslant y_N$ 依次进行排列而得到的。

2. 基尼系数的 RIF 回归估计

首先，为了书写方便，将 v^{GC} 的上标略写。根据影响函数定义 $\mathrm{IF}(y;v,F) = \lim_{\varepsilon \to 0}(v(F_\varepsilon) - v(F))/\varepsilon$ ，其中 $F_\varepsilon(y) = (1-\varepsilon)F + \varepsilon\delta_y, 0 \leqslant \varepsilon \leqslant 1$ ，为了简单，令 $\mathrm{IF}(y;v,F) = \mathrm{IF}(y;v)$ 。所以，$\int_{-\infty}^{+\infty}\mathrm{IF}(y;v)\mathrm{d}F(y) = 0$ 。进一步可以推导出 RIF 的性质之一，即 $\mathrm{RIF}(y;v)$ 的积分等于泛函 $v(F)$ ：

$$\int \mathrm{RIF}(y;v)\mathrm{d}F(y) = \int[v(F) + \mathrm{IF}(y;v)]\mathrm{d}F(y) = v(F) \tag{8-6}$$

根据式（8-1）、式（8-6），同时利用 $E[\mathrm{RIF}(Y;v)|X=x] = \int_y \mathrm{RIF}(y;v)\mathrm{d}F_{Y|X}(y|X=x)$ 可以得到 $\mathrm{RIF}(y;v)$ 在 X 条件下的条件期望值等于泛函数 $v(F)$ 的结论，即

$$v(F) = \int \mathrm{RIF}(y;v)\mathrm{d}F(y) = \int E[\mathrm{RIF}(y;v)|X=x]\mathrm{d}F_X(x) \tag{8-7}$$

令 $m_v(x) \equiv E[\mathrm{RIF}(y,v)|X]$ ，线性方程可以表示为

$$\hat{m}_{v,\text{RIF}-\text{OLS}}(x) = x^{\text{T}}\hat{\gamma}_v \qquad (8\text{-}8)$$

其中，$\hat{\gamma}_v$ 表示导数 $\mathrm{d}m_v(x)/\mathrm{d}x$ 的估计量，估计系数向量可以表示为一组投影系数：

$$\hat{\gamma}_v = \left(\sum_{i=1}^{N} X_i X_i^{\text{T}}\right)^{-1} \sum_{i=1}^{N} X_i \hat{\text{RIF}}(y;v) \qquad (8\text{-}9)$$

可以采用两种方法通过基尼系数统计量的 RIF 回归来计算工会对工资分布平等的影响。第一种方法将工会解释变量放入回归方程的自变量中，进而计算工会哑变量的回归系数，通过回归系数的显著性来判断工会对于基尼系数的影响显著性以及影响程度。第二种方法分别对工会会员和非工会会员建立基尼系数统计量的 RIF 回归，进而通过 Blinder-Oacaxa 分解来判断工会对于基尼系数的影响，以及工会是如何通过影响单变量的系数进而来影响基尼系数的。

3. 不同工会会员身份的基尼系数 RIF 回归分解

为了实现对工会会员和非工会会员以及工会企业或非工会企业两个群体的基尼系数的分解，假设 $v_t = v(F_t)$，$t = u,n$，$v_c = v(F_c)$，其中 v_c 为反事实泛函。因此 v_t、v_c 的期望值表达式为

$$v(F_t) = E[\text{RIF}(y_n;v)|T=t], \quad t=u,n, \quad v(F_c) = E[\text{RIF}(y_u;v)|t=n]$$

其中，F_c 是反事实状态的分布函数。那么 RIF 回归可以表达为

$$m_v^t(x) \equiv E[\text{RIF}(y,v)|X,T=t], \quad t=u,n \qquad (8\text{-}10)$$

$$m_c^t(x) \equiv E[\text{RIF}(y_u,v_c)|X,T=n] \qquad (8\text{-}11)$$

同样，考虑线性投射：

$$m_v^t(x) \equiv x^{\text{T}}\hat{\gamma}_v^t, \quad m_v^c(x) \equiv x^{\text{T}}\hat{\gamma}_v^c \qquad (8\text{-}12)$$

其中

$$\hat{\gamma}_v^t = (E[XX^{\text{T}}|T=t])^{-1} E[\text{RIF}(Y_t;v_t)X|T=t], \quad t=u,n$$

$$\hat{\gamma}_v^c = (E[XX^{\text{T}}|T=n])^{-1} E[\text{RIF}(Y_u;v_c)X|T=n], \quad t=u,n$$

所以，分解方程式可以表示为

$$D = E[m_v^n(X)|T=n] - E[m_v^c(X)|T=n] + E[m_v^c(X)|T=n] - E[m_v^u(X)|T=u]$$
$$= E[X|T=n]^{\text{T}}(\hat{\gamma}_v^n - \hat{\gamma}_v^c) + E[X|T=n]^{\text{T}}\hat{\gamma}_v^c - E[X|T=u]^{\text{T}}\hat{\gamma}_v^u \qquad (8\text{-}13)$$

4. 不同年份的基尼系数 RIF 回归分解

通过式（8-13）对不同年份的工会会员和非工会会员的小时工资对数的基尼系数进行分解，可以直接从数据上发现工会对于小时工资对数的基尼系数影响程度的变化，但是这并不能够较为准确地反映出工会对于基尼系数的影响的变化，

因为在调查过程中，不同年份工会会员和非工会会员的比例是不一样的，即可能存在抽样中会员密度的差异。在会员密度不同的情况下来比较工会对于基尼系数影响的历史趋势，势必会产生一定的不准确性。所以，为了了解工会对于基尼系数的影响强弱，还必须对不同年份的工会会员密度的特征效应和系数效应进行分解。

　　为了实现对工会会员和非工会会员以及工会企业或非工会企业两个群体的基尼系数的分解，假设 $v_t = v(F_t)$，$t = 2008, 2010$，$v_c = v(F_c)$，其中 v_c 为反事实泛函。因此 v_t、v_c 的期望值表达式为

$$v(F_t) = E[\mathrm{RIF}(y_n; v) | T = t], \quad t = u, n$$

$$v(F_c) = E[\mathrm{RIF}(y_{2008}; v) | t = 2010]$$

其中，F_c 是反事实状态的分布函数。那么 RIF 回归可以表达为

$$m_v^t(x) \equiv E[\mathrm{RIF}(y, v) | X, T = t], \quad t = 2008, 2010 \qquad (8\text{-}14)$$

$$m_c^t(x) \equiv E[\mathrm{RIF}(y_u, v_c) | X, T = n]$$

同样，考虑线性投射：

$$m_v^t(x) \equiv x^{\mathrm{T}} \hat{\gamma}_v^t, \quad m_v^c(x) \equiv x^{\mathrm{T}} \hat{\gamma}_v^c$$

其中

$$\hat{\gamma}_v^t = (E[XX^{\mathrm{T}} | T = t])^{-1} \cdot E[\mathrm{RIF}(Y_t; v_t) \cdot X | T = t], \quad t = 2008, 2010$$

$$\hat{\gamma}_v^c = (E[XX^{\mathrm{T}} | T = 2010])^{-1} \cdot E[\mathrm{RIF}(Y_{2008}; v_c) \cdot X | T = 2010], \quad t = 2008, 2010$$

所以，分解方程可以表示为

$$D = E[m_v^n(X) | T = 2010] - E[m_v^c(X) | T = 2010] + E[m_v^c(X) | T = 2010] - E[m_v^u(X)$$

$$| T = 2008] = E[X | T = 2010]^{\mathrm{T}} (\hat{\gamma}_v^n - \hat{\gamma}_v^c) + E[X | T = 2010]^{\mathrm{T}} \hat{\gamma}_v^c - E[X | T = 2008]^{\mathrm{T}} \hat{\gamma}_v^{2008}$$

$$(8\text{-}15)$$

二、基于工会会员和非工会会员小时工资对数的基尼系数 RIF-OLS 回归与分解

1. 基尼系数的 RIF 回归结果

　　表 8-6 反映了工会对工资收入不平等的 RIF-OLS 估计结果。其中，第（1）列表示采用 2012 年雇员雇主匹配数据中的数据估计结果，其中解释变量是员工所在的企业是否有工会；第（2）列也是基于 2012 年雇员雇主匹配数据估计结果，其中解释变量是工会企业中劳动者是否为工会会员；第（3）列采用的是 2008 年的中国综合社会调查数据，解释变量是是否为工会会员；第（4）列采用 2010 年

的中国综合社会调查数据,解释变量依然是是否为工会会员。以上基尼系数均是从各自数据中的小时工资对数中计算出来的。这几种数据的 RIF-OLS 回归结果都表明工会对工资收入分配不均等有着压缩作用,即有利于降低劳动者的工资收入不平等。其中,2008 年的中国综合社会调查数据估计结果为–0.043 4,即工会导致基尼系数下降 0.043 4;2010 年中国综合社会调查数据估计结果表明工会导致基尼系数下降 0.028 7;2012 年的雇员雇主数据估计结果表明工会导致基尼系数下降 0.008 32。

表 8-6　关于基尼系数统计量的 RIF-OLS 结果

变量	(1) 2012 年雇员雇主匹配数据	(2) 2012 年雇员雇主匹配数据（工会企业雇员数据）	(3) 2008 年中国综合社会调查数据	(4) 2010 年中国综合社会调查数据
	rifgini	rifgini	rifgini	rifgini
企业是否存在工会	–0.008 32*		–0.043 4***	–0.028 7**
	(0.004 71)		(0.012 5)	(0.014 2)
是否为工会会员		–0.000 744		
		(0.008 08)		
集体合同	0.005 42	–0.000 211		
	(0.006 47)	(0.008 66)		
劳动合同	–0.022 3***	–0.067 0***	–0.036 9***	–0.069 8***
	(0.005 03)	(0.014 3)	(0.011 2)	(0.012 2)
党员	0.015 3**	0.003 28	0.001 77	0.021 0
	(0.006 40)	(0.009 67)	(0.014 8)	(0.015 1)
未婚	–0.014 2***	–0.003 64	0.113***	–0.005 27
	(0.005 48)	(0.010 7)	(0.019 6)	(0.018 6)
农村户口	–0.004 00	–0.011 6	0.057 2***	0.000 481
	(0.004 61)	(0.008 97)	(0.013 5)	(0.013 5)
男性	–0.010 1**	0.003 55	0.017 3*	–0.038 8***
	(0.003 96)	(0.007 05)	(0.010 3)	(0.010 9)
汉族	–0.015 2	–0.002 44	–0.057 6***	–0.009 64
	(0.012 8)	(0.025 5)	(0.019 6)	(0.020 7)
教育年限①	–0.004 99***	–0.002 33	–0.006 08***	–0.014 3***
	(0.000 929)	(0.001 91)	(0.001 74)	(0.002 04)
经验	–0.002 04***	0.001 12	0.000 117	–0.006 11***
	(0.000 747)	(0.001 49)	(0.001 58)	(0.001 80)

续表

变量	（1） 2012 年雇员雇主匹配 数据	（2） 2012 年雇员雇主匹配数 据（工会企业雇员数据）	（3） 2008 年中国综合社 会调查数据	（4） 2010 年中国综合社 会调查数据
	rifgini	rifgini	rifgini	rifgini
经验的平方	$8.15 \times 10^{-5***}$	-2.13×10^{-6}	-4.13×10^{-6}	$0.000\,126^{***}$
	(1.83×10^{-5})	(3.69×10^{-5})	(2.59×10^{-5})	(4.34×10^{-5})
健康程度	$-0.002\,32$	$0.002\,42$	$-0.036\,5^{***}$	$-0.032\,6^{***}$
	$(0.002\,63)$	$(0.004\,75)$	$-0.036\,9^{***}$	$(0.005\,80)$
英语水平	$0.012\,0^{***}$	$0.004\,57$		$-0.001\,20$
	$(0.003\,24)$	$(0.005\,49)$		$(0.007\,41)$
沟通	$-0.004\,22^{*}$	$-0.009\,63^{**}$		
	$(0.002\,55)$	$(0.004\,53)$		
基于绩效付酬程度	$-0.001\,37$	$0.004\,15$		
	$(0.002\,22)$	$(0.004\,06)$		
工作自主性	-5.65×10^{-6}	$-0.001\,46$		
	$(0.002\,51)$	$(0.004\,31)$		
公司人数	3.78×10^{-6}	1.88×10^{-6}	-6.85×10^{-7}	$3.56 \times 10^{-6***}$
	(2.87×10^{-6})	(3.70×10^{-6})	(7.09×10^{-7})	(1.58×10^{-6})
公司人均利润	$-0.000\,109^{***}$	$-0.000\,143^{***}$		
	(3.78×10^{-5})	(5.52×10^{-5})		
全职工作			$-0.086\,0^{***}$	
			$(0.014\,8)$	
集体企业	$0.012\,7^{*}$	$0.024\,5^{**}$	$0.027\,7^{*}$	$-0.008\,02$
	$(0.007\,44)$	$(0.011\,6)$	$(0.016\,1)$	$(0.020\,7)$
私营企业	$0.006\,23$	$0.020\,2^{**}$	$0.005\,74$	$0.016\,1$
	$(0.006\,07)$	$(0.009\,09)$	$(0.013\,2)$	$(0.012\,7)$
港澳台企业	$0.053\,0^{***}$	$0.055\,2^{**}$	$-0.026\,0$	$0.049\,5$
	$(0.013\,8)$	$(0.022\,9)$	$(0.048\,9)$	$(0.043\,4)$
外资企业	$0.090\,4^{***}$	$0.061\,5^{***}$	$0.023\,4$	$0.075\,5$
	$(0.012\,1)$	$(0.019\,7)$	$(0.031\,5)$	$(0.065\,7)$
第三类城市	$0.006\,98$	$-0.004\,51$		
	$(0.007\,59)$	$(0.012\,8)$		
第二类城市	$-0.028\,4^{***}$	$-0.035\,6^{***}$		
	$(0.005\,83)$	$(0.009\,78)$		

续表

变量	（1）2012年雇员雇主匹配数据	（2）2012年雇员雇主匹配数据（工会企业雇员数据）	（3）2008年中国综合社会调查数据	（4）2010年中国综合社会调查数据
	rifgini	rifgini	rifgini	rifgini
第四类城市	0.011 0	0.035 2**		
	(0.008 99)	(0.015 3)		
西部边远地区			0.023 5	0.049 6***
			(0.014 3)	(0.015 7)
中部内陆地区			0.027 9**	0.018 4
			(0.011 4)	(0.012 1)
第二类行业	0.103***	−0.031 1		
	(0.020 3)	(0.122)		
第三类行业	0.007 74	−0.007 13		
	(0.007 60)	(0.014 4)		
第四类行业	0.002 33	0.012 2		
	(0.008 28)	(0.013 1)		
第五类行业	−0.020 0***	−0.014 9		
	(0.006 00)	(0.009 91)		
第六类行业	−0.012 6	0.030 0		
	(0.012 2)	(0.025 4)		
常数	0.262***	0.220***	0.611***	0.675***
	(0.023 9)	(0.049 2)	(0.045 5)	(0.043 4)
观测值	3 486	1 246	3 548	2 436
R^2	0.110	0.091	0.100	0.121

注：括号内数据表示标准误；* $p<0.1$；** $p<0.05$；*** $p<0.01$；①在这里为了方便中国综合社会调查数据和雇员雇主匹配数据的教育年限变量相匹配，也采用了教育年限折合最高教育程度的方法，其中：最高学历是小学以下＝0，最高学历是小学＝6；最高学历是初中＝9；最高学历是高中＝12；最高学历是中专＝12；最高学历是大专＝15；最高学历是本科＝16；另外，在研究生调查中，没有具体区分研究生及以上的具体学历，所以，在这里统一按照最高学历为硕士研究生对待，最高学历是研究生及以上＝19

2. 基于工会会员和非工会会员小时工资对数的基尼系数 RIF-OLS 回归的分解结果

根据 2008 年的中国综合社会调查数据（表 8-7），非工会会员的基尼系数为 0.337，工会会员的基尼系数为 0.224，二者的基尼系数差距为 0.113，这说明工会会员工资不平等小于非工会会员。其中二者的差距可以解释的部分为 0.069 5，占总差异的 61.5%，不可解释的部分为 0.043 6，占总差异的 38.5%，即工会对基尼

系数的差距贡献度为 38.5%，该分解结果与 RIF 回归结果中系数（0.028 7）大致
相当，这说明 RIF 分解结果和 RIF 线性估计结果具有较高的一致性。其中，对于
可解释的部分，劳动合同、人口特征、人力资本、是否为全职以及企业类型等都
对基尼系数的降低做出了显著的贡献，其贡献度分别为 7.0%、19.30%、11.86%、
9.30%、14.1%。而在不可解释部分，这些因素均不显著，说明工会没有通过影响
这些变量的回报系数来对工资不平等产生明显的影响。

表 8-7 2008 年中国综合社会调查数据的基尼系数的 RIF-OLS 回归的分解结果

基尼系数	系数	稳健标准误	z	P>|z|	95%置信区间	
非工会会员基尼系数	0.337	0.006 26	53.85	0	0.325	0.349
工会会员基尼系数	0.224	0.008 49	26.41	0	0.207	0.241
基尼系数差异	0.113	0.010 5	10.72	0	0.092 4	0.134
可解释部分	0.069 5	0.006 72	10.33	0	0.056 3	0.082 6
不可解释部分	0.043 6	0.011 5	3.810	0	0.021 2	0.066 1
可解释部分						
劳动合同	0.007 86	0.002 95	2.660	0.008 00	0.002 08	0.013 6
人口特征	0.021 8	0.005 53	3.940	0	0.011 0	0.032 6
人力资本	0.013 4	0.005 50	2.440	0.015 0	0.002 63	0.024 2
公司人数	0.000 290	0.000 447	0.650	0.516	−0.000 585	0.001 17
全职	0.010 5	0.002 66	3.960	0	0.005 32	0.015 7
企业类型	0.015 9	0.005 02	3.160	0.002 00	0.006 04	0.025 7
地区	−0.000 315	0.001 56	−0.200	0.840	−0.003 37	0.002 74
不可解释部分						
劳动合同	−0.017 3	0.014 2	−1.220	0.222	−0.045 2	0.010 5
人口特征	−0.049 8	0.045 9	−1.090	0.278	−0.140	0.040 1
人力资本	−0.115	0.076 4	−1.510	0.131	−0.265	0.034 3
公司人数	−0.000 736	0.002 40	−0.310	0.759	−0.005 43	0.003 96
全职	0.040 6	0.045 0	0.900	0.367	−0.047 5	0.129
企业类型	−0.005 73	0.020 5	−0.280	0.780	−0.045 9	0.034 4
地区	−0.006 81	0.004 35	−1.570	0.118	−0.015 3	0.001 72
常数	0.199	0.103	1.930	0.053 0	−0.002 92	0.401

注：观测值共包含 3548 个样本，其中工会会员样本 960 个，非工会会员样本 2588 个。人口特征包括党员、
未婚、农村户口、男性、汉族；人力资本包括教育年限、经验、经验的平方、健康程度；企业类型包括国有企业、
私营企业、外资企业、港澳台企业、其他；地区包括东部沿海地区、西部边远地区、中部内陆地区

　　根据 2010 年的中国综合社会调查数据（表 8-8），非工会会员的基尼系数为 0.312，工会会员的基尼系数为 0.210，二者的基尼系数差距为 0.102，这说明工会会员工资不平等小于非工会会员。其中，二者的差距由特征差异可以做出解释的为 0.080 2，不可解释的部分为 0.022 0。其中，对于可解释的部分，劳动合同、人力资本、企业类型等都对基尼系数的差异做出了显著的贡献，其贡献度分别为 24.3%、43.7%、19.0%。在不可解释部分，人口特征、人力资本、公司人数系数效应均导致基尼系数显著减少。

表 8-8　2010 年中国综合社会调查数据的基尼系数的 RIF-OLS 回归的分解结果

基尼系数	系数	稳健标准误	z	$P>|z|$	95%置信区间	
非工会会员基尼系数	0.312	0.006 82	45.72	0	0.298	0.325
工会会员基尼系数	0.210	0.007 04	29.76	0	0.196	0.223
基尼系数差异	0.102	0.009 80	10.43	0	0.083 1	0.121
可解释部分	0.080 2	0.008 89	9.020	0	0.062 8	0.097 7
不可解释部分	0.022 0	0.011 2	1.960	0.050 0	3.19×10^{-5}	0.044 0
可解释部分						
劳动合同	0.024 8	0.004 74	5.240	0	0.015 6	0.034 1
人口特征	−0.006 16	0.006 12	−1.010	0.314	−0.018 2	0.005 84
人力资本	0.044 6	0.008 35	5.340	0	0.028 2	0.060 9
公司人数	−0.003 55	0.003 29	−1.080	0.280	−0.010 00	0.002 89
企业类型	0.019 4	0.005 44	3.560	0	0.008 72	0.030 0
地区	0.001 18	0.001 14	1.040	0.301	−0.001 05	0.003 41
不可解释部分						
劳动合同	−0.013 6	0.015 4	−0.880	0.377	−0.043 8	0.016 6
人口特征	−0.125	0.033 7	−3.700	0	−0.191	−0.058 5
人力资本	−0.266	0.089 1	−2.980	0.003 00	−0.440	−0.091 2
公司人数	−0.007 50	0.002 13	−3.510	0	−0.011 7	−0.003 32
企业类型	−0.024 8	0.023 6	−1.050	0.295	−0.071 1	0.021 6
地区	−0.010 1	0.004 99	−2.020	0.043 0	−0.019 8	−0.000 299
常数	0.468	0.106	4.410	0	0.260	0.677

　　注：观测值共包含 2435 个样本，其中工会会员样本 607 个，非工会会员样本 1828 个。人口特征包括党员、未婚、农村户口、男性、汉族；人力资本包括教育年限、经验、经验的平方、健康程度、英语水平；企业类型包括国有企业、私营企业、外资企业、港澳台企业、其他；地区包括东部沿海地区、西部边远地区、中部内陆地区

3. 基于 2008 年和 2010 年小时工资对数的基尼系数 RIF-OLS 回归的分解结果

　　从对 2008 年和 2010 年数据的回归和分解中可以发现，工会对于不平等的影

响发生了改变，按照分解结果：2008 年工会使基尼系数降低了 0.043 4，2010 年工会使基尼系数降低了 0.028 7。从比例数据上说明工会减缓基尼系数的作用比重在下降。从绝对数据来看，工会对于基尼系数的影响也在下降。工会是通过以下两个方面来对于基尼系数产生影响的：第一，工会的密度，即工会会员的数量；第二，工会对于基尼系数的影响力。

表 8-9 是 2008 年和 2010 年所采用的相关变量的均值差异。很明显，在 2008 年和 2010 年的数据样本中，工会会员和非工会会员的比例是不一样的，这是在调查中样本选择和调查样本的反映等造成的。该数值的不同，将会影响到最终工会对于基尼系数的作用大小的判断。所以，为了分解工会对于基尼系数的这两种不同的作用，采用 2008 年和 2010 年的数据进行 RIF-OLS 回归分解。

表 8-9　2008 年和 2010 年小时工资对数的基尼系数 RIF-OLS 回归各变量均值及均值检验

变量	总体	2008 年	2010 年	均值差异	t 统计量
小时工资对数	1.895	2.293	1.484	0.809***	(27.47)
工会会员	0.141	0.171	0.124	0.046 8***	(8.26)
劳动合同	0.450	0.491	0.410	0.081 1***	(6.99)
党员	0.122	0.112	0.127	−0.014 7**	(−2.76)
未婚	0.093 5	0.114	0.081 2	0.033 2***	(7.00)
农村户口	0.492	0.431	0.528	−0.097 0***	(−11.97)
男性	0.484	0.482	0.485	−0.003 87	(−0.48)
汉族	0.918	0.928	0.912	0.016 2***	(3.62)
教育年限	8.781	9.217	8.523	0.694***	(9.69)
经验	21.40	25.14	15.69	9.454***	(35.78)
经验平方	644.6	829.3	363.3	466.0***	(34.01)
健康	3.635	3.682	3.608	0.074 5***	(4.18)
公司人数	1 045	1 345	663.5	681.8***	(5.43)
国有企业	0.276	0.280	0.269	0.011 4	(1.20)
私营企业	0.354	0.258	0.519	−0.261***	(−26.47)
港澳台企业	0.006 78	0.006 53	0.007 23	−0.000 709	(−0.40)
外资企业	0.017 1	0.017 4	0.016 5	0.000 907	(0.33)
集体企业	0.073 4	0.073 6	0.072 9	0.000 699	(0.13)
东部地区	0.436	0.440	0.435	0.005 56	(0.69)
西部地区	0.200	0.190	0.205	−0.015 4*	(−2.37)
中部地区	0.364	0.370	0.360	0.009 86	(1.26)
N	16 169			16 169	

根据分解结果（表 8-10），工会哑变量的系数效应是不显著的，即工会在 2008 年和 2010 年对于基尼系数的作用没有发生明显的变化。然而工会哑变量的特征效应（禀赋效应）却存在着显著性的影响，由于工会密度的改变，2010 年工会对于减少基尼系数的数值在下降。这说明在 2008 年和 2010 年，工会对基尼系数影响变化只是由工会的特征效应（禀赋效应）造成的，即是由工会会员的密度不同而造成的，而不是由工会的系数效应减弱造成的。

表 8-10　2008 年和 2010 年小时工资对数的基尼系数 RIF-OLS 回归的分解结果

基尼系数	系数	稳健标准误	z	P>|z|	95%置信区间	
2008 年基尼系数	0.308	0.005 19	59.45	0	0.298	0.319
2010 年基尼系数	0.286	0.005 49	52.19	0	0.276	0.297
基尼系数差异	0.022 0	0.007 55	2.910	0.004 00	0.007 18	0.036 8
可解释部分	−0.000 967	0.004 05	−0.240	0.811	−0.008 91	0.006 97
不可解释部分	0.022 9	0.007 85	2.920	0.003 00	0.007 56	0.038 3
可解释部分						
工会	−0.000 663	0.000 398	−1.660	0.096 0	−0.001 44	0.000 118
劳动合同	−0.001 34	0.000 657	−2.050	0.041 0	−0.002 63	-5.65×10^{-5}
人口特征	−0.002 65	0.001 15	−2.310	0.021 0	−0.004 89	−0.000 401
人力资本	0.009 59	0.003 33	2.880	0.004 00	0.003 07	0.016 1
公司人数	-3.24×10^{-5}	0.000 724	−0.040 0	0.964	−0.001 45	0.001 39
企业类型	−0.006 67	0.002 16	−3.090	0.002 00	−0.010 9	−0.002 43
地区	0.000 792	0.000 405	1.950	0.051 0	-2.04×10^{-6}	0.001 59
不可解释部分						
工会	−0.004 70	0.004 05	−1.160	0.246	−0.012 6	0.003 23
劳动合同	0.010 1	0.007 26	1.390	0.166	−0.004 16	0.024 3
人口特征	0.027 5	0.030 4	0.910	0.365	−0.032 1	0.087 2
人力资本	0.131	0.055 8	2.350	0.019 0	0.021 6	0.240
公司人数	−0.003 24	0.002 81	−1.150	0.248	−0.008 75	0.002 26
企业类型	0.009 59	0.017 0	0.570	0.572	−0.023 6	0.042 8
地区	−0.004 58	0.003 78	−1.210	0.226	−0.012 0	0.002 83
常数	−0.143	0.070 8	−2.020	0.044 0	−0.281	−0.003 92

注：观测值共包含 5983 个样本，其中 2010 年样本 3548 个，2008 年样本 2435 个。人口特征包括党员、未婚、农村户口、男性、汉族；人力资本包括教育年限、经验、经验的平方、健康程度；企业类型包括国有企业、私营企业、外资企业、港澳台企业、其他；地区包括东部沿海地区、西部边远地区、中部内陆地区

第三节　工会对工资不平等影响的结论

一、工会降低了工资不平等

无论雇员雇主匹配数据中利用工会企业和非工会企业的小时工资对数基尼系数回归,还是采用 2008 年以及 2010 年的中国综合社会调查数据对工会会员和非工会会员的小时工资对数基尼系数回归,都得出一致的结论,工会对于基尼系数有显著性的影响,它可以降低收入的不平等性。

二、工会对于工资不平等降低的贡献没有发生明显的变化

2012 年雇员雇主匹配数据、2008 年中国综合社会调查数据、2010 年中国综合社会调查数据的 RIF-OLS 回归结果表明工会对于基尼系数的影响力在不断地下降,但是这并不能够说明工会降低收入不平等的作用在降低,因为从 RIF-OLS 回归结果的分解中可以看出,工会的系数效应并不明显,而特征效应却非常显著,这说明工会对基尼系数的影响力降低主要可以归结为是由工会会员的工会密度这个特征效应引起的,而工会密度与调查样本有很大的关系,事实上我国工会密度在近年内并没有发生明显变化,所以工会对工资不平等降低的贡献没有发生明显的变化。

第九章　工会对工资影响的总体性结论及政策建议

第一节　工会对工资影响的总体性结论

一、工会总体上没有显著地介入劳动力市场中调节工资水平

根据对雇员雇主匹配数据的研究，工会的覆盖效应并没有产生显著的工资溢价。在工会企业中，工会会员也没有因为加入工会而产生显著性工资溢价。由于这两种作用都不显著，通过中国综合社会调查数据基于倾向值匹配方法估计出来的工会工资溢价也不显著。我国工会给劳动者带来的经济利益是适合于所有劳动者的，并没有相关的条款规定工会会员的特别权利，所以工会会员的工资溢价不明显。工会覆盖下的工资溢价也不明显，说明工会的存在并没有明显地造成工会企业和非工会企业之间的平均工资水平的差异。基于工会总体工资溢价、工会覆盖工资溢价、工会会员工资溢价的实证分析结果，可以得出我国工会对工资水平的影响并不明显的结论，这说明了我国工会从总体上还没有介入劳动力市场而形成工资调整机制。

这一点和我国工会职责有很大的关系。首先，正如 2001 年出台的《中华人民共和国工会法》第六条规定："工会在维护全国人民总体利益的同时，代表和维护职工的合法权益。"我国工会代表的是所有劳动者的权益，它并不以是否加入工会为前提。在工资集体协商中由于工会的努力而提高的工资，既覆盖了工会会员，也覆盖了非工会会员；工会企业不但要因此而提高工资，非工会企业也需要遵守集体协商的结果，尤其是国家层面工会与企业形成的集体协商条款。因此，在实证结果中工会对工资的作用没有在工会企业和非工会企业、工会会员和非工会会员之间体现出显著的差别。其次，我国工会在劳动力市场中主要充当的另一个角色是维护劳动者的合法权益，即工会主要借助法律来保护劳动者的合法权益，形成一种和谐稳定的劳动关系，因此，工会更重要的作用不是体现在劳动力市场中，而是体现在劳动过程对劳动者权益的保护。

二、工会通过劳动相关法律等正向地影响了局部工资

根据对工会覆盖效应、工会会员效应的工资溢价进行分析，工会对总体工

资水平影响并不显著，但是根据 Blinder-Oaxaca 分解结果，工会通过劳动合同、集体合同以及人力资本等显著地改变了这些因素对工资的影响。这说明工会虽然在总体上没有起到决定工资水平的作用，但通过若干因素影响到了局部决定工资的变量，进而影响了局部变量对工资水平的决定。从对工会覆盖效应和工会会员效应的工资溢价分解结果中可以看出，工会通过劳动合同、集体合同提高了工会企业以及工会会员的工资水平。尤其是在工会会员的工资溢价的分析中，工会还显著地提高了劳动者的人力资本回报率。这些都说明工会在某些方面积极地影响着劳动者工资。通过对工会覆盖效应和工会会员效应下的工资溢价分析，工会有利于缩小性别工资的差距，即减少性别工资歧视；另外，工会企业在不同收入水平上对性别工资有着不同的影响：在较低收入群体中，性别工资差距为 12.4%，在高端收入群体中，性别工资差距为 20.7%，而对于中等收入群体，性别工资差距为 8.84%，这说明工会更有利于缩小中等收入群体的性别工资差距（表 7-2）。

　　这些方面的影响主要是市场经济体制改革过程中出台的劳动相关法律法规和工会职能转变等所形成的。在计划经济向市场经济转型时期，实行政企分离，引入市场机制。市场机制本身存在着信息不对称、交易障碍，劳动力具有人身属性等特点，可能会使得企业管理方对劳动力过度使用，降低劳动者的工作条件等。在这种背景下，国家加强了工会在劳动过程管理中的作用，尤其是在《中华人民共和国劳动合同法》中强调了工会在劳动合同管理中的重要作用。所以，我国工会的经济功能在社会主义法律框架下也在不断增强。

　　在市场经济条件下，供给和需求的工资待遇主要由市场来调整，以解决市场效率问题。然而我国是社会主义市场经济，为了防止收入分配差距过大，国家通过宏观政策影响市场工资，尤其是通过劳动立法等来防止劳动收入的两极分化。近些年来，在企业中全员实行劳动合同制度以来，国家通过立法手段，不断加强工会对劳动关系的监督和干预力度。工会在企业中作为劳动者利益代表，负有监督企业不当劳动行为的义务。根据相关法律法规，用人单位的规章制度、劳动合同、规范的用工制度等方面都必须受工会监督。所以，工会维护劳动者劳动经济权益方面得到了加强。然而对于较低收入群体，他们所在的企业用工制度目前还不是很规范，如通常是劳务派遣、临时用工等。工会对该群体的监督力度就会明显减弱。高收入阶层收入来源具有多样性，工作具有较高的灵活性等特点，工会对于他们的性别工资歧视难以辨别，在监督方面也不具有较高的可行性。而对于中等收入群体所在的企业用工制度一般比较完善，在工时制度、工资制度以及劳动合同等方面都比较规范，便于工会的监督。所以，中等收入群体的性别工资差距最小。

三、工会对行业工资没有产生明显的影响

在工会覆盖工资溢价的研究中，虽以第一行业为基准，多数其他行业工资回报与之存在着明显的差异，但是在 Blinder-Oaxaca 分解中发现行业回报的系数效应并不显著，说明工会没有对行业工资产生显著性的影响。这种结论与我国工会的组建形式有很大的关系。

目前为了配合工资集体协商，很多地方采用了不同的工会组建模式。其中，较为典型的是"楼宇工会模式"，它以办公大楼为单位组建工会，在进行集体协商时也是以整栋办公大楼中的企业为主。"楼宇工会模式"包含了各行各业、不同性质、不同规模的企业员工，这样在工资集体协商时会受到很大的阻碍，集体协商的结果只能是法律强制要求的最低限度等，因为提高相应的劳动者福利等标准会由于行业、企业等原因而无法实施。另外还有"工程项目部模式""商贸市场工会模式""社区工会模式"等，以上这些工会组建模式都不具有行业特性。为了进一步推进行业工会，中华全国总工会推出行业工会联合会。行业工会联合会是将相同或相近的行业中多家单位的工会联合起来，集体协商结果覆盖所有劳动者。然而行业工会联合会在全国还没有普遍推广开来，目前主要的集体协商形式是基于单个企业的集体协商。所以鉴于行业工会联合会的组建现状，工会对行业工资的影响还不明显。

四、工会降低了工资不平等性

从总体上看，基尼系数的 RIF 回归结果显示，工会显著地降低了基尼系数，使得工会企业和工会会员的工资不平等程度低于非工会企业和非工会会员的工资不平等。从工资分布来看，工会对工资不平等的降低主要是通过决定工资水平的相关变量的系数效应实现的。

对工会覆盖效应下的两个群体工资进行分位数回归的 Blinder-Oaxaca 分解发现，工会企业和非工会企业的工资差距在不同分布位置上存在着较大的差别：随着小时工资对数的分位点上升，工资差距在不断地下降，这说明两个群体的工资差异呈现出一种"粘地板效应"。另外，系数效应部分随着收入分位点的上升在不断下降，而特征效应随着收入分位点的上升而上升，这说明工会覆盖效应下的这种工资差距的"粘地板效应"是由特征效应的"天花板效应"和系数效应的"粘地板效应"综合作用形成的。从这种综合作用的结果来看，工会加大了低端收入群体的收入分布的差距，降低了高端收入群体的收入分布的不均等。

根据对工会会员效应下的两个群体工资进行分位数回归的 Blinder-Oaxaca 分解结果,工会会员和非工会会员之间的工资差距随着收入分位点的上升在不断地下降,且下降的幅度要明显高于工会覆盖效应下的工会企业和非工会企业的工资差距下降幅度。其中,特征效应在较高分位点上明显下降,而在较低分位点上没有明显的变化。而系数效应随着分位点的上升在不断下降,尤其是在中高分位点上,系数效应为负数,即减少了由特征效应造成的工资差距。所以,工会会员身份的系数效应对于中高分位点的劳动者收入具有压缩作用,减缓了其工资分布的不平等性。

在工会覆盖效应、工会会员效应与工资分布部分的实证分析中可以发现,工会企业中的劳动者和非工会企业中的劳动者、工会企业中工会会员与非工会会员之间均存在着工资的"粘地板效应",这种效应缩小了资源禀赋造成的工资差距,说明工会对于工资差距的缩小存在着积极性的影响。

工会对工资分布产生影响的原因有很多,主要可以归纳为部门效应和内部效应:工会由于部门效应,会提高工会企业和非工会企业、工会会员和非工会会员之间的工资差距,同时会降低工会企业内部以及工会会员内部的工资分布的不平等性,即所谓的部门效应和内部效应。根据表 7-3 和表 7-5,工会提高较低分位数上劳动者的工资,即部门效应会提高工资差距,内部效应会降低工资差距。但是在高位数收入分布上则会降低工资,说明部门效应和内部效应均降低了工资差距。这两种作用的综合效果最终会使得工资差距随着可观察的劳动者技术水平等因素的增加而降低,该现象表现为工资差距随着工资收入分位数的上升而减少。

另外,工会覆盖效应和工会会员效应下的工会"粘地板效应"不同之处在于工会会员效应下工会的"粘地板效应"更为明显,而工会覆盖效应下的"粘地板效应"相对较为平缓,这是因为部门效应造成的"天花板效应"减缓了内部效应造成的"粘地板效应"。

五、中国入会具有明显的群体性特征

根据工会会员效应的工资溢价研究结果,劳动者的入会倾向具有明显的群体性特征。首先,具有党员身份的劳动者比没有党员身份的劳动者入会倾向高出 0.521(表 6-2),即如果是党员,入会倾向将会大大提高。这意味着在工会入会倾向方面党员具有先进性的示范作用,他们需要进入工会对工会工作进行宣传,推动工会工作,发挥工会的积极作用。

工会入会倾向也与企业性质有很大的关系。以国有企业为基准,私营企业、港澳台企业以及集体企业等的劳动者入会倾向都明显偏低。虽然进行了国有企业改革，实行政企分离，但是，一些制度由于改革成本等原因还没有落实，或者部分保留着原来的一些制度。目前国有企业受到行政干预力度还比较明显，在工会方面，国家更有利于推动国有企业的工会工作，促使劳动者加入工会，所以目前国有企业中的劳动者加入工会的倾向最高。

另外，在城市方面，入会倾向也有着显著性的不同。在一类城市中，劳动者的入会倾向最高，其他城市相对较低。这说明工会工作在不同的地区存在着较大的差异。在本样本中一类城市为北京。北京是我国的政治中心，更有利于工会开展工作，实证结果与我国的现实背景相符。

六、工会会员与管理方是一种基于沟通的合作性双赢关系

在工会企业中，工会会员沟通工作特征的回报率高于非工会会员，这说明工会企业中，工会会员的沟通更容易获得较高的回报，也进一步说明了企业管理方与工会会员之间是一种合作和双赢的博弈，管理方更倾向于激励工会会员对工作任务发言，提出意见和建议。这种沟通的高回报率可以有三种解释：第一，工会会员通过工会加强与管理方的沟通和信息交流，说服管理方给予较高的回报；第二，管理方通过加强与工会会员的沟通，给予较高的回报，主动承担工会的一些责任和义务，进而弱化工会在企业中对于劳动者的代表性；第三，双方是一种合作模式，工会与管理方合作，既可以使工会改善企业生产效率，又可以使工会具有代表劳动者利益的代表功能。《中华人民共和国工会法》规定，工会既具有促进生产发展，维护稳定的作用，又具有代表劳动者利益的义务，所以，第三种解释成为实证结果最为合理的解释。

七、资源禀赋是造成工资差别的主要原因，且在不同收入群体中的作用程度存在差异

在工会覆盖效应下，特征效应随着收入分位点的上升在不断地扩大，这说明特征效应是造成工资差距扩大的重要因素，而且在较高收入分位点上其所占的比例越来越大。在工会会员身份效应下，特征效应虽然也是造成工资差距的重要原因，但是在较高收入分位点上的差异在不断地减小，而不像工会覆盖效应下的特征效应在不断地扩大收入差距。所以无论哪种情况，以及在哪个收入群体中，资源禀赋都是造成工会企业与非工会企业、工会会员与非工会会员之间工资差距的重要原因。

工会企业和非工会企业、工会会员与非工会会员之间的资源禀赋差别主要与中国目前的经济体制改革有很大的关系，这也是经济体改革的结果。伴随我国经

济体制改革，基本经济制度发生了变化，实行"以社会主义公有制为主体，多种所有制经济共同发展"的经济制度，而且公有制的实现形式多样化。所以在经济体制改革的同时，产生了这些不同经济成分的法律法规的制度约束以及国家干涉力度等的差异，形成了体制内用工单位和体制外用工单位。

体制内用工单位一般为政府机关、事业单位、国有企业和研究所等，这些单位的用人指标受到国家调控，加之体制内企业工作比较稳定，具有较好的发展前景，以及较为丰厚的工资回报，因此体制内用工单位的劳动需求相对供给来说偏高，在市场经济的作用下，那些具有较高资源禀赋的劳动者比较容易进入体制内用工单位。同时，体制内用工单位中工会企业覆盖率较高，最终形成了工会企业劳动者具有较高的资源禀赋。

体制外用工单位一般包含私营企业、外资企业、港澳台企业。自《中华人民共和国劳动合同法》出台以来，承认了劳务派遣的合法性，但并没有对劳务派遣工的使用数量及比例进行规定和约束，导致很多非公有制企业大量地使用劳务派遣工。由于这些劳务派遣工在劳务公司具有用工灵活，且劳动关系期限较短等特点，很少有劳动者加入工会。这就造成了非公有制企业中只有那些工作较为稳定，劳动关系期限较长的劳动者是工会会员，最终形成工会会员的资源禀赋高于非工会会员的资源禀赋。

第二节　发挥工会经济功能的政策建议

一、建立行业性集体协商

1. 建立行业性集体协商的优势

第一，从劳动力需求角度来看。根据 Hicks-Marshall 派生需求定理，企业的劳动需求曲线相对于行业的劳动需求曲线而言具有较高的工资弹性，所以在产品市场上，与行业性的产品需求相比，企业产品需求具有较高的产品价格弹性。所以，基于行业层面的工资集体协商，企业可以通过提高价格，顺利地把劳动成本的提高转移给消费者，而在基于企业层面的工资集体协商方面，如果企业通过提高价格转移自己的劳动成本，就会使得本企业在同行业中的产品丧失价格优势，进而减少产品的销量，促使企业减少对劳动力的需求。从产品市场的竞争角度来讲，市场竞争对工会和单个雇主的约束要远远高于行业层面的工会和雇主，即与企业层面的集体协商相比，基于行业层面的集体协商可以明显减少竞争压力。

第二，从劳动力供给角度来看。如果工会和企业进行工资集体协商导致工资上涨，基于企业层面的劳动力供给增加更快，而基于行业层面的劳动力供给增加较慢，即企业层面的劳动力供给更加具有工资弹性，而行业层面的劳动力供给缺乏工资弹性。基于行业层面的工资提高后，会导致那些同行业中失业劳动者的劳动力供给增加，而其他行业中的劳动者转移到该行业中来需要一个技能转型的过程。单个企业的工资提升之后，同行业中其他企业的劳动者主动转移过来，形成该企业的劳动力供给。所以，行业性工资集体协商更能够激励劳动者。

第三，从协商领域来看。行业层面的集体协商，还可以扩展集体协商的领域。因为有些问题在过于分散化的集体协商中是无法被包含进来的，尤其是对于单个企业的集体协商更是如此，如培训、健康与安全等。在单个企业的集体协商中，普通培训一般无法成为协商的范畴，因为公司提供的普通培训对于同行业的其他公司也是有用的，如果劳动者离职到其他单位工作，提供普通培训的公司培训成本是无法收回的，最终给自己的竞争对手做了嫁衣。而基于行业层面的集体协商，对普通培训条款的约定就比较容易被公司所接受，因为同行业中所有单位都要对员工进行普通培训，减少了基于企业层面集体协商中约定普通培训条款产生为别人做嫁衣的后顾之忧。从整个经济增长来看，基于行业层面关于普通培训的集体协商可以提高劳动者的人力资本，进而为社会创造出更大的产出，提高国家的国内生产总值（gross domestic product，GDP）。

第四，从抑制收入分配差距来看。行业层面的工资集体协商更容易减少工资的分散，形成一种更具平等性的工资分布，减少收入分配差距。尤其是在我国收入分配比较严峻的背景下，为抑制收入分配的不均，行业性的工资集体协商更加具有现实性的重大意义。

第五，从集体谈判结构的同质性来看。奥尔森（1995）认为集团有以下性质：集团越大，越不利于增进集团利益。因为集团规模越大，增进集团利益的个人收益越小，成本越高，结果会使内部力量较弱，不利于谈判力量的增强。高尔曼（2003）研究了谈判单位的大小对于谈判力量的影响，他认为谈判单位越大，员工内部的态度结构等使得谈判力量越弱。然而行业性的集体谈判，虽然在谈判结构方面具有较大的规模，但是由于是行业性的集体协商，无论劳动者还是企业主，他们处在相同或相似的行业，工资水平、企业利润等都具有较高的可比性，劳动者的认知态度等也具有较高的一致性，所以基于行业的集体协商结构有利于集体协商的达成。

2. 建立行业性集体协商是中国现实需要

从实证分析结果来看，中国工会的工资溢价并不是很明显，这种情况可能由两个原因造成：第一，工会对于劳动者的维权，尤其是对于工资的保护，主要是基于宏观层面，而很少涉及微观层面，这也是工会的"维稳"职责所在；第二，工会基层的工资集体协商还没有取得实质性的进展，尤其是企业内部的工资集体协商。所以，为了增强工会的影响力，加强工会行业性工资协商是重中之重，因为行业性的集体协商可以提高工会的独立性。

目前我国企业工会的工作人员主要包括两类：一类是工会委员，另一类是工会主席和副主席。工会委员多数是从基层的劳动者中选举出来的；虽然工会主席或副主席也是被选举出来的，但是多数都是由管理层来兼任的。另外，中国企业联合会没有全职的工会工作人员和工会领导。工会工作人员和工会领导均由企业工作人员来兼任，尚没有形成一种专职的工会工作。即使对于选举出来的工会委员，他们也是按照在工作单位中全职工作岗位来发放工资的，对于兼任的工会职位是一种无偿性的兼职工作。在兼职情况下，不但没有工会工作上的时间保障，也没有相关专业知识的保障，更没有相应的工作责任及不称职的处罚。在这种情况下，广泛实行分散性的企业集体协商，无疑会导致集体协商效果不理想。

所以，目前中华全国总工会为了推动行业性的集体协商，大力鼓励各地建立行业工会联合会，即通过相同行业或近似单位的工会联合起来，与企业进行集体协商。然而，在集体协商过程中，为了获得对等的谈判代表，相应地也需要行业企业联合会发挥作用，通过行业企业联合会与行业工会联合会进行集体协商，从而形成对等性的谈判代表，以形成有效的集体协商。虽然目前已经存在行业性的企业联合会，但是行业企业联合会的代表性也面临着与工会企业联合会同样的问题，即代表性问题。

二、提高工会分散性的集体协商效果

1. 加强基于有效的信息获取与转化的工会谈判组织建设

根据研究结论，我国工会会员与管理方之间是一种基于沟通的双赢关系，在此关系下，集体协商是一种双方不断调整企业与工会会员之间利益的有效机制。但是在集体协商过程中，双方在维持生存和发展的底线之上存在着利益的分配区间，该区间就是集体协商区间。至于最后的利益分配结果要靠双方的谈判力量来决定。

Kim 等（2005）从系统的角度提出集体协商成果是实际谈判力量作用的结果，而非取决于潜在的谈判力量。所以，为了使潜在谈判力量最大限度地转化为实际谈判力量，必须加强认知过程，该认知过程可以用 Leap 和 Grigsby（1986）提出的谈判力量转换过程的分析框架来解释。在该转换过程中，促使潜在谈判力量转化为实际谈判力量的关键因素就是信息，因为信息可以使得协商者获得谈判力量的来源、谈判力量的约束资源等，而这些恰恰是作用谈判过程达成一定谈判结果的重要因素。

　　对于代表劳动者的工会，为了获得较强的谈判力量，必须加强自身谈判团队的建设，将这些信息带来的潜在谈判力量转化为实际谈判力量。能够影响到工会谈判力量的因素有很多，其中有工会不可控制的因素，如政策、经济形势、产品市场弹性、社会的政治文化遗迹产业结构等；还有一些是工会在较长时间内才能控制的因素，而这些因素在协商或谈判过程中是无法改变的，如生产技术、企业利润、企业文化等；还有一些是工会可以在短期内就可以控制的因素，如协商环境、工资政策、劳动力的纠纷等。所以，单个工会会员或劳动者是无法较为全面地掌握这些信息的。这需要熟悉相关信息的产业专家以及熟知谈判技巧，能够将这些信息转化为实际谈判力量的谈判专家等专业人士参与进来。另外，还需要一些在劳动者中具有较高声望的代表参与，他们可以最大限度地将劳动者内部利益一致化。

2. 加强工会工作人员的专业化建设

　　企业工会是劳动者的利益代表组织，主要维护劳动者在工作过程中的各种权益，所以，工会目标是就业、工资、福利等的最大化。然而企业的管理者虽然与企业的股东之间也存在着委托代理问题，但在管理过程中，他们管理的目标依然是企业利润最大化。所以管理者的目标和企业工会的目标在一定程度上存在着差异。如果在工会组织中的主要职位是由管理方来担任，那么他们在履行工会的职责时很多情况下会存在自我矛盾，在产出一定的情况下，增加了工资、福利，则减少了企业利润。在管理者职责的驱动下，他们兼任工会的职责就会被忽略，从而影响到工会对劳动者利益的代表性。在此背景下，国家加强了集体协商制度的建设。但目前的集体协商主要是分散性的企业集体协商。为了增强分散性的企业集体协商效果，可以采用以下过渡阶段来实现：第一阶段，将工会工作人员专业化，去兼职化。这种方式可以有效地提升工会工作人员的专业能力，保障其工会工作的时间，增强其对于工会工作的责任感，而不再是一种兼职义务工作。为了增强其对工会以及劳动者的责任感，薪酬也应该是由工会或劳动者直接提供，而不应该由企业提供。然而，这种方式的缺点在于工会工作人员专业化的不连续性，即他们可能由于工会或劳动者的原因通过选举将其淘汰，那么他们的工会工作的专业性就会无用武之地。所以，为了达到相应的效果，还必须将专业化建设推动到第二阶段。第二阶段就是要培育工会工作者专业化的市场建设，通过该市场建设，将工会工作职业化。职业化的工会工作者可以通过市场来为其工资寻价，采取类似职业经理人的模式，利用市场形成一批职业化的工会工作者，通过所在企业中的工会以及工会职工将其聘任到企业工会中，专职从事工会工作，并由工会或会员等为其发放工资。正如职业经济人一样，该类人员的培养是为了企业经济效益的提升，而不是为了总揽经营权以及财权等。工会的工作人员也一样，是为了推动工会在经济领域对劳动者的保护，禁止其利用工会从事政治性的活动，以及鼓励其积极参与到经济活动中，所以，必须有相关的法律法规对相关的工会工作人员的权利与义务给予规定。这样，工会工作者在企业中的集体协商中可以具有较强的独立性以及专业性，充分代表工会会员或劳动者的利益，推动企业中的集体协商的顺利进行，并提高相应的协商效果。

三、加强工会与会员之间的联系，从内部提升工会维权的动力

1. 增强劳动者入会的自我选择性

我国目前劳动者入会具有很大的群体特征。从劳动者入会倾向的估计中可以看出，党员的入会倾向明显高于非党员，国有企业劳动者的入会倾向明显高于非国有企业劳动者，北京地区劳动者的入会倾向高于其他地区劳动者。即从数据结果来看，是否加入工会主要是外在因素决定的，这与企业的性质、企业的规模、户口等有很大的关系，但与劳动生产率关系密切的教育、经验等却没有明显的关系，这也与我国工会维护的是全体劳动者权利相关，即无论是否入会，劳动者都可以受到工会的保护。这在一定程度上使得劳动者主动入会积极性下降。主动选择入会将会使得工会会员具有较强的积极性和主动性来推动工会工作。所以，为了推动工会的发展，使得工会工作得以有效开展，深入地介入劳动关系领域、经济领域，必须使得劳动者能够根据自身特点，自我选择是否入会。为了增强劳动者主动加入工会的倾向，工会必须能够增强工会会员的能力，如通过提高工作安全、改善工资等吸引劳动者主动加入进来。

2. 明确工会组织与会员的权利义务关系

目前《中华人民共和国劳动法》《中华人民共和国劳动合同法》《中华人民共和国工会法》等都明确规定了工会的权利，但是针对工会会员的权利与义务几乎没有做出明确的规定。这就导致了工会与工会会员之间的权利义务关系不明确，进而导致工会在推动工会工作过程中缺乏工会会员的支持，使工会活动达不到预期的效果。只有在工会会员入会自愿，且工会会员与工会组织之间权利义务关系明确的条件下，工会会员才会具有较强的积极性来推动工会活动，进而实现自身的合法权益。

工会是唯一的劳动者利益代表的官方组织，其对于劳动者的诸多代表权利在劳动相关法律中得到了明确规定。但是目前其中一个最大的缺陷在于工会只有权利，没有对其代表权利不作为的情况下的处罚规定或对其直接责任人的问

责机制。例如，工会具有监督企业制定规章制度权利的同时，也应该承担监督不利的责任，因为工会的这些权利是法律和工会会员所赋予的，如果工会没有做到这些权利的实现或者不作为，工会会员或工会覆盖下的劳动者理所当然可以追求其责任。

另外，为了增强工会会员参与到工资、工作条件、规章制度、劳动合同等具体事务中的积极性，还必须加强工会会员的相应义务的规定，不能简单地将劳动者的代表权利直接转移给工会。如果工会会员只是简单地把权利让渡给工会组织，要工会来实施，使工会会员不作为，那么很容易使得工会组织内部出现腐败。

四、基于工会作用途径，加强相应工会功能的立法，降低收入分配不均

通过对工会企业变量关于基尼系数的 RIF 回归进行分析不难发现，工会可以减少劳动者工资分布的不平等性；同样，工会在总体上也可以减少工会会员与非工会会员之间的工资不平等性；在工会与工资的分布中，通过分位数回归分解也可以发现工会可以减少高收入群体中劳动者收入的差距，进而抑制劳动者工资分布的不平等性。所以，工会可以减少工资分布的不平等性。

根据实证结果，工会可以有效地减少工资分布的不平等性，且从影响的机理来看，工会主要通过影响人力资本、人口特征、劳动合同等要素的回报系数作用于劳动者的收入，进而起到减弱工资分布差距的作用。目前相关法律法规中加入了禁止由于性别、年龄、种族等原因而形成的工资歧视的条款，且规定工会具有监督责任，使得工会通过这些途径减少了工资差别，从而形成较为一致的工资水平。目前关于工会的劳动立法中，虽然规定了工会权利或者说是责任，但并没有给予工会相应的惩罚性的权利以及制约性的详细规则等。例如，在人口特征方面，相关法律规定了工会的监督权利，但并没有规定发现企业在人口特征方面存在工资歧视后，工会拥有什么样的权利来处置或对企业进行惩罚。与非工会会员相比，工会会员的工资不平等由于劳动合同而明显降低，说明工会可以通过劳动合同降低工资的不平等，降低这种不平等的原因具体也可以归结为《中华人民共和国劳动合同法》的干预，工会通过《中华人民共和国劳动合同法》中的同工同酬的监督等，使得在劳动者与企业签订劳动合同时讲求公平。同时，工会企业往往通过集体协商等来制定工资水平或者调整工资分配等，这些都是工会促进工资平等的重要途径，最终在劳动合同以及劳动者的投资回报率等系数反映出来。所以，为了进一步增强工会对于工资不平等的作用，必须基于工会对工资不平等的作用途径来发挥工会的相应功能。

五、加强工会对于工资水平的干预力度

无论通过工会覆盖效应，还是通过工会会员效应，以及通过这两种总体效应考察，工会对工资水平的影响都不是很明显，这说明虽然工会可以通过一些途径和渠道干预到工资水平，但从总体来看，工会对工资水平的影响不是很明显。而工会与工资分布、工会与基尼系数等的回归中存在着显著的相关性，表现出工会明显降低了工资分配不均等。从这两种实证分析结果可以发现，与对工资水平的影响相比，工会更加关注工资分配。这主要与国家对工会职能的界定有很大的关系。

2001 年的《中华人民共和国工会法》第六条规定，工会在维护全国人民总体利益的同时，代表和维护职工的合法权益，所以工会的职责或者说目标不单单是代表劳动者的权利，还肩负着维护社会安定的重大任务。研究数据显示，在"维权责任"和"维稳责任"的双重责任下，工会对后者的作用更为明显。从工会和非工会的资源禀赋价格可以看出，工会起到了缩小工资差距的作用，在关注资源禀赋的收入差异的同时，也关注了资源禀赋收入的公平性。所以，工会尽管没有明显地提高工会会员的工资，但是，它却在工资收入的公平性方面做出了积极的贡献。

然而，工会对总体工资水平的影响，不但可以解决劳动力市场失灵等的问题，使劳动者的工资更加具有效率，同时可以使得劳动者自觉地加入工会，增强工会对于工会会员的吸引力。为了能够使得工会与企业进行谈判时获得工资的提高，在企业存在利润的情况下，必须保证工会具有影响劳动力供给的能力。工会可以通过两个方面对劳动力供给与需求产生影响：一方面是通过高工会密度和对劳动供给的控制所形成的；另一方面是通过对劳动需求的工资弹性影响所形成的：劳动需求的工资弹性越小，那么工会越容易提高劳动者的工资水平。

第三节　工会经济功能研究问题的未来展望

随着数据的不断完善，工会对于工资影响的研究将会倾向于历史趋势的研究，而非局限于横截面数据。历史趋势的研究可以更加清晰地显示出工会对工资水平、工资分布、工资不平等影响的变化，从而根据工会所在的历史背景进而挖掘工会背后的一些制度因素，更有效地归纳出通过工会提高和谐劳动关系指数的关键性政策措施。

另外，在我国，工会对于福利的影响明显高于对于工资的影响，随着未来工资、福利等调查数据的不断涌现，工会对于劳动者福利的影响将会得到广泛的研究。对工会与福利的研究，将会涉及工会对社会保险缴纳、各种补贴等的影响。

　　此外，工会与生产率之间的关系也是未来一个重要的研究领域。在雇员雇主匹配数据中，不但包含了企业的利润，还包含了雇员是否为工会会员，以及其所在的企业是否为工会企业的调查数据，这就为研究工会与生产率之间的关系提供了数据依据。随着雇员雇主匹配数据调查次数的增多，也可以逐步转变为从历史趋势角度来研究工会对生产率的影响。

参 考 文 献

奥尔森 M. 1995. 集体行动的逻辑[M]. 陈郁, 等, 译. 上海: 上海三联书店.

常凯. 2009. 我国劳动关系报告——当代我国劳动关系的特点和趋向[M]. 北京: 中国劳动社会保障出版社.

丁建安. 2011. 劳工集体维权机制探析[J]. 当代法学, (4): 124-131.

段礼乐. 2011. 劳动关系的选择性干预与集体劳动关系的制度逻辑[J]. 中国劳动关系学院学报, 25(5): 19-24.

冯同庆. 2011. 工会学——当代劳动关系理论[M]. 北京: 中国劳动社会保障出版社.

高尔曼 R A. 2003. 劳动法基本教程——劳工联合与集体谈判[M]. 马静, 等, 译. 北京: 中国政法大学出版社.

韩富国, 骆小俊, 等. 2007. 新型产业工人与中国工会[M]. 上海: 上海人民出版社.

郝令昕, 奈曼 D Q. 2012. 评估不平等[M]. 上海: 格致出版社.

胡建国. 2011. 劳资关系治理与工会绩效[M]. 北京: 社会科学文献出版社.

李实, 罗楚亮. 2011. 中国收入差距究竟有多大?——对修正样本结构偏差的尝试[J]. 经济研究, (4): 68-79.

诺克 D, 伯克 P J. 2012. 对数线性模型[M]. 吴刚, 盛智明, 译. 上海: 格致出版社.

孙中范, 冯同庆, 常凯. 2001. 新编工会学[M]. 北京: 人民出版社.

谭远发. 2012. 中国大学毕业生性别工资差距分布特征研究——"天花板效应"还是"粘地板效应"? [J]. 人口学刊, (6): 51-63.

陶文忠. 2007. 社会转型中的劳动关系结构冲突与均衡——关于中国工会制度的一个分析视角[D]. 北京: 中国人民大学.

王震. 2010. 基于分位数回归分解的农民工性别工资差异研究[J]. 世界经济文汇, (4): 51-63.

闻效仪. 2012. 无劳工参与的统合主义——市场化与中国工会政治[D]. 北京: 中国人民大学.

徐舒. 2010. 技术进步、教育收益与收入不平等[J]. 经济研究, (9): 79-92.

许晓军. 2006. 中国工会的社会责任[M]. 北京: 中国社会科学出版社.

许晓军, 任小平. 2008. 从"盐田国际"罢工事件看中国工会维权路径中的制度救济[J]. 当代世界与社会主义, (4): 140-144.

许晓军, 吴清军, 王晓慧. 2011. 博弈·制衡·和谐——中国工会的博弈制衡与和谐劳动关系构建[M]. 北京: 中国社会科学出版社.

颜辉. 2011. 中国工会·劳动关系研究[M]. 北京: 光明日报出版社.

杨继东, 杨其静. 2013. 工会、政治关联与工资决定——基于中国企业调查数据的分析[J]. 世界经济文汇, (2): 36-49.

姚先国, 李敏, 韩军. 2009. 工会在劳动关系中的作用——基于浙江省的实证分析[J]. 中国劳动关系学院学报, 23(1): 31-36.

姚洋, 钟宁桦. 2008. 工会是否提高了工人的福利? ——来自 12 个城市的证据[J]. 世界经济文汇, (5): 5-29.

伊兰伯格 R G, 史密斯 R S. 2007. 现代劳动经济学: 理论与公共政策[M]. 刘昕, 译. 北京: 中国人民大学出版.

张暎硕. 2004. 当代中国劳动制度变化与工会功能的转变[M]. 保定: 河北大学出版社.

张原, 陈建奇. 2010. 工会与行业劳动报酬的剪刀差悖论: 基于中国数据的经验研究[J]. 经济评论, (5): 82-94.

朱平芳, 张征宇. 2012. 无条件分位数回归: 文献综述与应用实例[J]. 统计研究, 29(3): 88-96.

Abowd J M. 1989. The effect of wage bargains on the stock market value of the firm[J]. The American Economic Review, 79(4): 774-800.

Alejandra A, Manquilef-Bächler W, Smith J C. 2009. Differences in decline: Quantile regression analysis of union wage differentials in the United Kingdom, 1991-2003[J]. IZA Discussion Paper No. 4138.

Allen S G. 1986. Union work rules and efficiency in the building trades[J]. Journal of Labor Economics, 4(2): 212-242.

Anderson K E, Schwenk A E. 1990. Measuring union-nonunion earnings differences[J]. Monthly Labor Review, 113: 26-38.

Ashenfelter O C. 1972. Racial discrimination and trade unionism[J]. Journal of Political Economy, 80(3): 435-464.

Ashenfelter O C, Johnson G E, Pencavel J H. 1972. Trade unions and the rate of change of money wages in United States manufacturing industry[J]. The Review of Economic Studies, 39(1): 27-54.

Belfield C R, Heywood J S. 2010. Unionization and the pattern of nonunion wages: Evidence for the UK[J]. Oxford Bulletin of Economics & Statistics, 63(5): 577-598.

Bell B D, Pitt, M K. 1998. Trade union decline and the distribution of wages in the UK: Evidence from kernel density estimation[J]. Oxford Bulletin of Economics & Statistics, 60(4): 509-528.

Blanchflower D G. 1977. Changes over time in union relative wage effects in Great Britain and the United States[J]. NBER Working Papers: 1-38.

Blanchflower D G. 1984. Union relative wage effects: A cross-section analysis using establishment data[J]. British Journal of Industrial Relations, 22(3): 311-332.

Blanchflower D G. 1996. The role and influence of trade unions in the OECD[J]. Centre for Economic Performance Discussion Papers.

Blanchflower D G, Oswald A J. 1998. What makes an entrepreneur? [J]. Journal of Labor Economics, 16(1): 26-60.

Blanchflower D G, Bryson A. 2003. Changes over time in union relative wage effects in the UK and the US revisited[J]. NBER Working Papers.

Blanchflower D G, Bryson A. 2010. The wage impact of trade unions in the UK Public and private sectors[J]. Economica, 77(305): 92-109.

Blanchflower D G, Bryson A. 2004. The union wage premium in the US and the UK[J]. LSE

Research Online Documents on Economics, 10(2): 1-38.

Blau F D, Kahn L M. 1996. Wage structure and gender earnings differentials: An international comparison[J]. Economica, 63(250): 29-62.

Blinder A S. 1973. Wage discrimination: Reduced form and structural estimates[J]. The Journal of Human Resources, 8(4): 436-455.

Bloch F E, Kuskin M S. 1978. Wage determination in the union and nonunion sectors[J]. Industrial & Labor Relations Review, 31(2): 183-192.

Boal W M, Pencavel J H. 1994. The effects of labor unions on employment, wages, and days of operation: Coal mining in west virginia[J]. Quarterly Journal of Economics, 109(1): 267-298.

Booth A L. 1993. Layoffs with payoffs: A bargaining model of union wage and severance pay determination[J]. Cepr Discussion Papers, 62(248): 551-564.

Booth A L, Bryan M L. 2004. The union membership wage-premium puzzle: Is there a free rider problem？ [J]. Cepr Discussion Papers, 57(3): 402-421.

Booth A L. 2009. The Economics of the Trade Union[M]. Cambridge: Cambridge University Press.

Bratsberg B, Ragan J F. 2002. Changes in the union wage premium by industry[J]. Industrial & Labor Relations Review, 56(1): 65-83.

Brown C, Medoff J. 1978. Trade unions in the production process[J]. Journal of Political Economy, 86(3): 355-378.

Bryson A. 2004. The union membership wage premium: An analysis using propensity score matching[J]. LSE Research Online Documents on Economics: 6-44.

Buchinsky M. 1998. Recent advances in quantile regression models: A practical guideline for empirical research[J]. The Journal of Human Resources, 33(1): 88-126.

Card D. 1995. Small differences that matter: Labor markets and income maintenance in Canada and the United States[J]. Southern Economic Journal, 48(1): 176-178.

Card D. 1996. The effect of unions on the structure of wages: A longitudinal analysis[J]. Econometrica, 64(4): 957-979.

Card D. 2001. The effect of unions on wage inequality in the U. S. labor market[J]. Industrial & Labor Relations Review, 54(2): 296-315.

Carruth A A，Oswald A J. 1985. Trade union and women's relative pay: An application of a model of trade union behavior[J]. Economic Journal, 380(95): 1003-1020.

Chaykowski R P, Slotsve G A. 2002. Earnings inequality and unions in Canada[J]. British Journal of Industrial Relations, 40(3): 493-519.

Checchi D, Visser J, Werfhorst H G V D. 2010. Inequality and union membership: The influence of relative earnings and inequality attitudes[J]. British Journal of Industrial Relations, 48(1): 84-108.

Cho D, Cho J. 2011. How do labor unions influence the gender earnings gap？ A comparative study of the US and Korea[J]. Feminist Economics, 17(3): 133-157.

Corneo G, Lucifora C. 1997. Wage formation under union threat effects: Theory and empirical evidence[J]. Labour Economics, 4(3): 265-292.

Daniel W W, Millward N. 1983. Workplace industrial relations in Britain: The DE/PSI/ESRC survey[J]. Labour, 16(3): 325.

Dickens W T, Lang K. 1985. A test of dual labor market theory[J]. American Economic Review, 75(4): 792-805.

Dinardo J, Fortin N M, Lemieux T. 1996. Labor market institutions and the distribution of wages, 1973-1992: A semiparametric approach[J]. Econometrica, 64(5): 1001-1044.

Dinardo J, Lemieux T. 1997. Diverging male wage inequality in the United States and Ganada, 1981-1988: Do institutions explain the difference? [J]. ILR Review, 50(4): 629-651.

Dinardo J, Lee D S. 2004. Economic impacts of new unionization on private sector employers: 1984-2001[J]. Quarterly Journal of Economics, 119(4): 1383-1441.

Duncan G M, Leigh D E. 1980. Wage determination in the union and nonunion sectors: A sample selectivity approach[J]. Industrial & Labor Relations Review, 34(1): 24-34.

Duncan G M, Leigh D E. 1985. The endogeneity of union status: An empirical test[J]. Journal of Labor Economics, 3(3): 385-402.

Eren O. 2007. Measuring the union-nonunion wage gap using propensity score matching[J]. Industrial Relations, 46(4): 766-780.

Fairris D. 2003. Unions and wage ineqality in Mexico[J]. Industrial & Labor Relations Review, 56(13): 481-497.

Farber H S. 2005. Nonunion wage rates and the threat of unionization[J]. Industrial & Labor Relations Review, 58(3): 335-352.

Fichtenbaum R, Gyimah-Brempong K, Olson P. 1994. New evidence on the labor market segmentation hypothesis[J]. Review of Social Economy, 52(1): 20-39.

Fichtenbaum R. 2006. Labour market segmentation and union wage gaps[J]. Review of Social Economy, 64(3): 387-420.

Firpo S, Fortin N, Lemieux T. 2007. Decomposing wage distributions using recentered influence function regressions[J]. Econometries, 6（2）: 1-40.

Freeman R B. 1980. Unionism and the dispersion of wages[J]. Industrial & Labor Relations Review, 34（1）: 3-23.

Freeman R B. 1982. Union wage practices and wage dispersion within establishments[J]. Industrial & Labor Relations Review, 36(1): 3-21.

Freeman R B. 1984. Longitudinal analyses of the effects of trade unions[J]. Journal of Labor Economics, 2(1): 1-26.

Gardeazabal J, Ugidos A. 2004. More on identification in detailed wage decompositions[J]. Review of Economics & Statistics, 86(4): 1034-1036.

Gosling A, Lemieux T. 2009. Labor Market Reforms and Changes in Wage Inequality in the United Kingdom and the United States[M]. Cambridge: National Bureau of Economic Research.

Gyimah-Brempong K, Olson P. 1994. New evidence on the labor market segmentation hypothesis[J]. Review of Social Economy, 52(1): 20-39.

Heckman J J. 1976. The common structure of statistical models of truncation, sample selection, and limited dependent variables and a simple estimator of such models[J]. Nber Chapters, 5(4):

475-492.

Heckman J J. 1979. Sample selection bias as a specification error[J]. Econometrica, 47(1): 153-161.

Heckman J J, Ichimura H, Todd P. 1998. Matching as an econometric evaluation estimator[J]. Review of Economic Studies, 65(2): 261-294.

Heckman J J, Lalonde R J, Smith J A. 1999. Chapter 31-the economics and econometrics of active labor market programs[J]. Handbook of Labor Economics, 3(1): 1865-2097.

Hildreth A. 2000. What has happened to the union wage differential in Britain in the 1990s? [J]. Oxford Bulletin of Economics & Statistics, 61(1): 5-31.

Hirsch B T, Link A N. 1984. Unions, productivity, and productivity growth[J]. Journal of Labor Research, 5(1): 29-37.

Hirsch B T, Connolly R A. 1987. Do unions capture monopoly profits? [J]. Industrial & Labor Relations Review, 41(1): 118-136.

Hirsch B T, Macpherson D A, Schumacher E J. 2002. Measuring union and nonunion wage growth: Puzzles in search of solutions[J]. SSRN Electronic Journal: 35.

Hirsch B T. 2004. What do unions do for economic performance? [J]. Iza Discussion Papers, 25(3): 415-455.

Hirsch B T, Schumacher E J. 2004. Match bias in wage gap estimates due to earnings imputation[J]. Journal of Labor Economics, 22(3): 689-722.

Hood W, Rees R D. 1974. Inter-industry wage levels in United Kingdom manufacturing[J]. Manchester School, 42(2): 171-185.

Kahn L M. 1979. Unionism and relative wages: Direct and indirect effects[J]. Industrial & Labor Relations Review, 32(4): 520-532.

Kim P H, Pinkley R L, Fragale A R. 2005. Power dynamics in negotiation[J]. Academy of Management Review, 30(4): 799-822.

Krashinsky H A. 2004. Do marital status and computer usage really change the wage structure? [J]. Journal of Human Resources, 39(3): 774-791.

Layard R, Metcalf D, Nickell S. 1978. The effect of collective bargaining on relative and absolute wages[J]. British Journal of Industrial Relations, 16(3): 287-302.

Leap T L, Grigsby D W. 1986. A conceptualization of collective bargaining power[J]. Industrial & Labor Relations Review, 39(2): 202-213.

Lee L F. 1978. Unionism and wage rates: A simultaneous equation model with qualitative and limited depended variables[J]. International Economic Review, 19(2): 415-433.

Leicht K T. 1989. On the estimation of union threat effects[J]. American Sociological Review, 54(6): 1035-1047.

Lemieux T. 1993. Unions and wage inequality in Canada and the United States[J]. Nber Chapters, 25(4): 69-108.

Lemieux T. 1998. Estimating the effects of unions on wage inequality in a panel data model with comparative advantage and nonrandom selection[J]. Journal of Labor Economics, 16(2): 261-291.

Lester R. 1967. Pay differentials by size of establishment[J]. Industrial Relations A Journal of

Economy & Society, 7(1): 57-67.

Lewis H G. 1963. Union Relative Wages Effects: A Survey[M]. Chicago: University of Chicago Press.

Machin S. 1997. The decline of labour market institutions and the rise in wage inequality in Britain[J]. European Economic Review, 41(3): 647-657.

Macpherson D A, Stewart J B. 1987. Unionism and the dispersion of wages among blue-collar women[J]. Journal of Labor Research, 8(4): 395-405.

Masters S H. 1969. An interindustry analysis of wages and plant size[J]. Review of Economics & Statistics, 51(3): 341-345.

Medoff J L, Acemoglu D, Borjas G J, et al. 1981. The impact of the percentage organized on union and nonunion wages[J]. Review of Economics & Statistics, 18(63): 561-572.

Metcalf D. 1977. Unions, incomes policy and relative wages in Great Britain[J]. British Journal of Industrial Relations, 15(2): 157-175.

Miller P, Miller P, Mulvey C. 2010. Unions, firm size and wages[J]. Economic Record, 72(217): 138-151.

Millward N. 1983. Workplace Industrial Relations in Britain[M]. Australia: Heinemann Educational Books.

Monti A C. 1991. The study of the Gini concentration ratio by means of the influence function[J]. Statistica, 51(4): 561-577.

Neumark D, Wachter M L. 1992. Union threat effects and nonunion industry wage differentials[J]. NBER Working Papers No. 4046.

Neumark D, Wachter M L. 1995. Union effects on nonunion wages: Evidence from panel data on industries and cities[J]. Industrial & Labor Relations Review, 49(1): 20-38.

Nickell S J. 1973. Trade Unions and the Position of Women in the Industrial Wage Structure[M]. Oxford:　Oxford University Press: 192-210.

O'Leary N C, Murphy P D, Blackaby D H. 2004. Quantile regression estimates of the union wage effect for Great Britain[J]. Manchester School, 72(4): 497-514.

Oaxaca R L. 1973. Male-female differentials in urban labour markets[J]. International Economic Review, 14(2): 693-709.

Oaxaca R L, Ransom M R. 1999. Identification in detailed wage decompositions[J]. Review of Economics & Statistics, 81(1): 154-157.

Panagides A, Patrinos H A. 1994. Union-nonunion wage differentials in the developing world: A case study of Mexico[J]. Policy Research Working Paper: 1-40.

Pencavel J, Hartsog C E. 1984. A reconsideration of the effects of unionism on relative wages and employment in the United States, 1920-1980[J]. Journal of Labor Economics, 2(2): 193-232.

Pencavel J. 2009. How successful have trade unions been? A utility-based indicator of union well-being[J]. Industrial & Labor Relations Review, 62(2): 147-156.

Rebitzer J B, Robinson M D. 1991. Employer size and dual labor markets[J]. Review of Economics & Statistics, 73(73): 710-715.

Rees H, Shah A. 1986. An empirical analysis of self-employment in the UK[J]. Journal of Applied Econometrics, 1(1): 95-108.

Reynolds L G, Cynthia H T. 1956. The Evolution of Waiie Structure[M]. New Haven: Yale University Press.

Rios-Avila F, Hirsch B T. 2014. Unions, wage gaps, and wage dispersion: New evidence from the Americas[J]. Industrial Relations A Journal of Economy & Society, 53(1): 1-27.

Robinson C, Tomes N. 1984. Union wage differentials in the public and private sectors: A simultaneous equations specification[J]. Journal of Labor Economics, 2(1): 106-127.

Robinson C. 1989. The joint determination of union status and union wage effects: Some tests of alternative models[J]. Journal of Political Economy, 97(3): 91-119.

Rosen S. 1969. Trade union power, threat effects and the extent of organization[J]. The Review of Economic Studies, 36(2): 185-196.

Rosenbaum P R, Rubin D B. 1983. The central role of the propensity score in observational studies for causal effects[J]. Biometrika, 70(1): 41-55.

Sanner H. 2006. Imperfect goods and labor markets, and the union wage gap[J]. Journal of Population Economics, 19(1): 119-136.

Schmidt P, Strauss R P. 1978. The effect of unions on earnings and earnings on unions: A mixed logit approach[J]. International Economic Review, 17(1): 204-212.

Schultz T P, Mwabu G. 1998. Labor unions and the distribution of wages and employment in South Africa[J]. Industrial & Labor Relations Review, 51(4): 680-703.

Smith J A, Todd P E. 2005. Does matching overcome LaLonde's critique of nonexperimental estimators? [J]. Journal of Econometrics, 125(1/2): 305-353.

Stengos T, Kumar P. 1985. Measuring the union relative wage impact: A methodological note[J]. Canadian Journal of Economics/revue Canadienne D'economique, 18(1): 182-189.

Stewart M B. 1990. Union wage differentials, product market influences and the division of rents[J]. Economic Journal, 100(403): 1122-1137.

Stewart M B. 1991. Union wage differentials in the face of changes in the economic and legal environment[J]. Economica, 58(230): 155-172.

Stieber J. 1959. The Steel Industry Wage Structure[M]. Cambridge: Harvard University Press.

Taschereau-Dumouchely M. 2012. The union threat[J]. The Wharton School of the University of Pennsylvania. Working Paper: 1-44.

Thomson A W J, Mulvey C, Farbman M. 2010. Bargaining structure and relative earnings in Great Britain[J]. British Journal of Industrial Relations, 15(2): 176-191.

Yun M S. 2005. A simple solution to the indentification problem in detailed wage decompositions[J]. Economic Inquiry, 43(4): 766-772.

Zhu Y, Warner M, Feng T. 2011. Employment relations "with Chinese characteristics": The role of trade unions in China[J]. International Labour Review, 150(1/2): 127-143.

致　　谢

　　本书的写作过程是一个长期、反复推敲的过程，也是一个要付出辛勤汗水和以充分严谨的态度对待的过程，更是一个可以让人从中提升的过程。本书的写作从开始下笔到完成稿件，经过了300多个日日夜夜。虽然本人在攻读博士期间努力学习专业知识，熟悉本书相应的实证部分的操作软件，但在本书写作过程中发现自己还欠缺很多，可以说本书的写作过程也是一个不断学习和实践的过程。

　　本书能够得以顺利完成，首先由衷地感谢我的导师易定红老师对我三年来的耐心教导和关心。在本书的写作过程中，易老师给予了很大的帮助，从本书选题、文章结构以及研究方法等各个方面给予了批评指正，并对本书进行认真审阅，及时纠正本书的写作方向，并提出改进建议。易老师虽然在学术上很严谨，但在日常生活中却是一位平易近人的好导师。在此，我要向我的导师说一声："敬爱的易老师，您辛苦了，学生以后会更加努力。"

　　同时还要感谢中国人民大学劳动人事学院的各位老师在本书的写作过程中给予的各种帮助以及提出的各种宝贵意见。通过在中国人民大学硕士和博士节点的朝夕相处，各位老师严谨的治学态度、深厚的理论功底以及和蔼可亲的待人方式给我留下了深刻的印象，也成为了我今后学习的榜样。

　　感谢博士班的所有同学，感谢大家在生活上和学习上给予的大力帮助，也感谢我的爱人在本书写作过程中给予的大力支持，主动担负起照顾孩子以及家务的重任。

袁青川

附　录

附表 1　中国综合社会调查数据变量定义

变量名	变量定义
小时工资对数	全年职业收入/（52×周实际工作时间）的对数
政治态度	
党员	党员 = 1，非党员 = 0
工会会员	工会会员 = 1，非工会会员 = 0
个人特征	
性别	男性 = 1，女性 = 0
民族	汉族 = 1，少数民族 = 0
婚姻	已婚 = 1，未婚 = 0
户口	农村户口 = 1，非农村户口 = 0
人力资本	
小学以下学历	最高学历是小学或小学以下 = 1，其他 = 0
中学	最高学历是中学 = 1，其他 = 0
高中	最高学历是高中 = 1，其他 = 0
中专	最高学历是中专 = 1，其他 = 0
大专	最高学历是大专 = 1，其他 = 0
本科	最高学历是本科 = 1，其他 = 0
研究生	最高学历是研究生 = 1，其他 = 0
经验	从第一份非农工作到目前的工作，一共工作的年数
经验平方	从第一份非农工作到目前的工作，一共工作的年数取平方
英语水平	觉得自己听英语能力是什么水平？完全听不懂 = 1；比较差 = 2；一般 = 3；比较好 = 4；很好 = 5
健康程度**	您觉得您的身体健康状况是： 很不健康 = 1 比较不健康 = 2 一般 = 3 比较健康 = 4 很健康 = 5

续表

变量名	变量定义
	就业特征
劳动合同	签订劳动合同 = 1，未签订劳动合同 = 0
工作自主性**	在目前的工作中，在多大程度上能自主决定自己工作的具体方式： 完全自主决定 = 4 能在一定程度上自主 = 3 在很少程度上自主 = 2 完全不能自主 = 1
工作便利性**	在您目前的工作岗位上，是否经常有人希望通过您的工作便利帮他/她办事 总是 = 1 经常 = 2 有时 = 3 很少 = 4 从没有 = 5
全职*	全职工作 = 1，非全职工作 = 0
公司人数	目前工作的单位或公司有多少员工
企业性质	劳动者所在单位的性质
国有企业	国有或国有控股 = 1，其他 = 0
私营企业	私有/民营或私有/民营控股 = 1，其他 = 0
港澳台企业	港澳台资或港澳台资控股 = 1，其他 = 0
外资企业	外资所有或外资控股 = 1，其他 = 0
集体企业	集体所有或集体控股 = 1，其他 = 0
地区	东部沿海地区 = 1，其他 = 0 中部内陆地区 = 1，其他 = 0 西部边远地区 = 1，其他 = 0

　* 2008 年中国综合社会调查数据中包含，而 2010 年数据中没有包含的调查变量；** 2008 年中国综合社会调查数据没有的调查变量

附表 2　2012 年雇员雇主匹配数据变量定义

变量名	变量定义
小时工资对数	[从本企业获得的税后现金月总收入/（30 天×每天实际工作时间）]的对数
	干预变量
是否为工会会员	工会会员 = 1，非工会会员 = 0
	就业歧视变量
是否为党员	党员 = 1，非党员 = 0
性别	男性 = 1，女性 = 0
民族	汉族 = 1，少数民族 = 0

变量名	变量定义
户口	农业户口 = 1，非农业户口 = 0
婚姻状况	已婚 = 1，未婚 = 0
人力资本变量	
教育年限	不识字、初识字的教育年限 = 0，小学的教育程度 = 6，初中 = 9，高中 = 12，中专 = 12，大专 = 15，本科 = 16，硕士 = 19，博士 = 23
经验	参加工作的年限
经验平方	参加工作年限的平方
英语水平	觉得自己听英语能力是什么水平？完全听不懂 = 1；比较差 = 2；一般 = 3；比较好 = 4；很好 = 5
健康	身体健康状况是：不好 = 1；一般 = 2；好 = 3；很好 = 4
就业特征变量	
劳动合同	签订劳动合同 = 1，未签订劳动合同 = 0
工作时间	周实际工作时间/7 天
人力资源管理变量	
基于绩效付酬程度	收入和绩效的关联程度：1～5 的水平变量
工作自主性	允许员工自己做出一些工作决策的程度：1～5 的水平变量
沟通	管理者和员工之间经常保持良好的沟通的程度：1～5 的水平变量
企业特征变量	
公司人数	目前工作的单位或公司有多少员工
公司人均利润	主营业务利润/公司人数
企业有无工会	有工会 = 1，无工会 = 0
企业性质	劳动者所在单位的性质
国有企业	国有企业 = 1，其他 = 0
集体企业	集体企业 = 1，其他 = 0
私营企业	私营企业 = 1，其他 = 0
港澳台企业	港澳台企业 = 1，其他 = 0
外资企业	外资企业 = 1，其他 = 0
其他控制变量	
地域变量	分别针对所调查的城市设置 0-1 虚拟变量：北京、齐齐哈尔、长春、济南、郑州、成都、福州、苏州、襄阳、咸阳
行业变量	分别针对以下 20 种类型行业设置 0-1 虚拟变量：农、林、牧、渔业，采矿业，制造业，电力、燃气及水的生产和供应业，建筑业，交通运输、仓储和邮政业，信息传输、计算机服务和软件业，批发和零售业，住宿和餐饮业，金融业，房地产业，租赁和商务服务业，科学研究、技术服务和地质勘查业，水利、环境和公共设施管理业，居民服务和其他服务业，教育，卫生、社会保障和社会福利业，文化、体育和娱乐业，公共管理与社会组织，国际组织

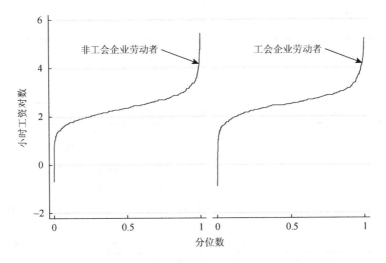

附图 1　工会企业劳动者和非工会企业劳动者的工资分布

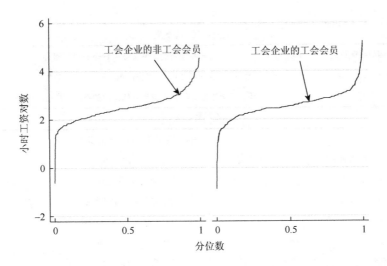

附图 2　工会企业中工会会员和非工会会员的工资分布

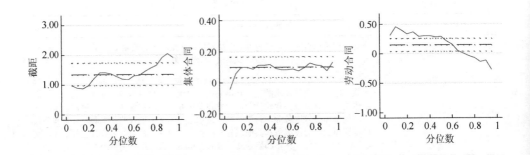

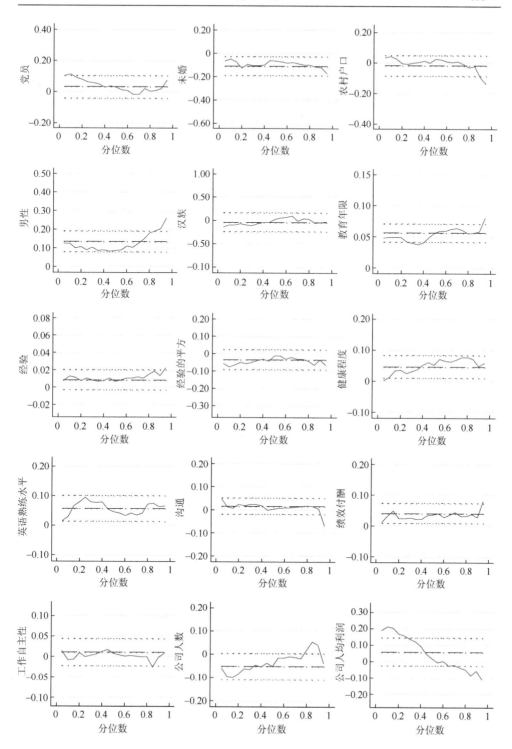

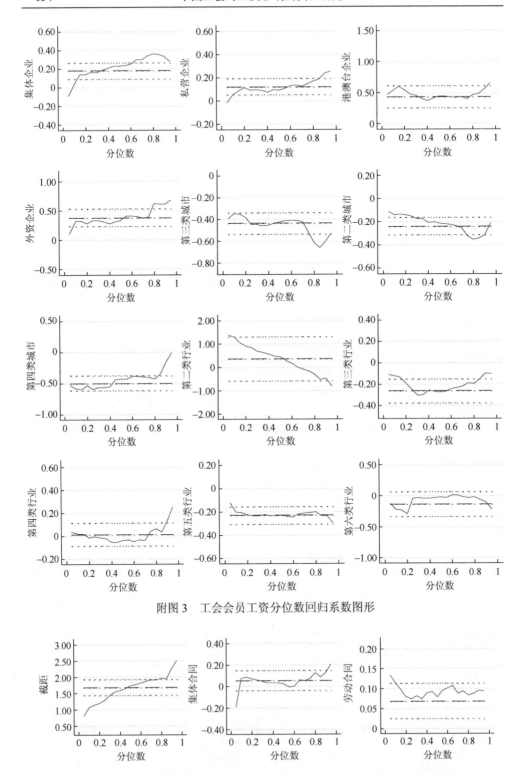

附图 3　工会会员工资分位数回归系数图形

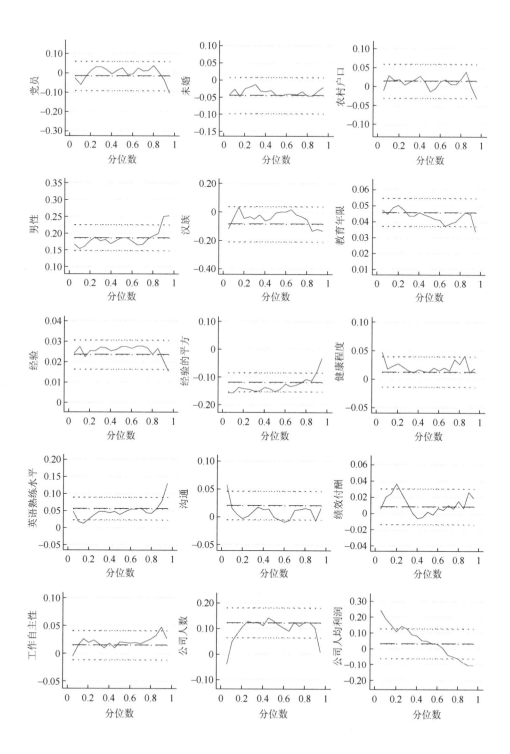

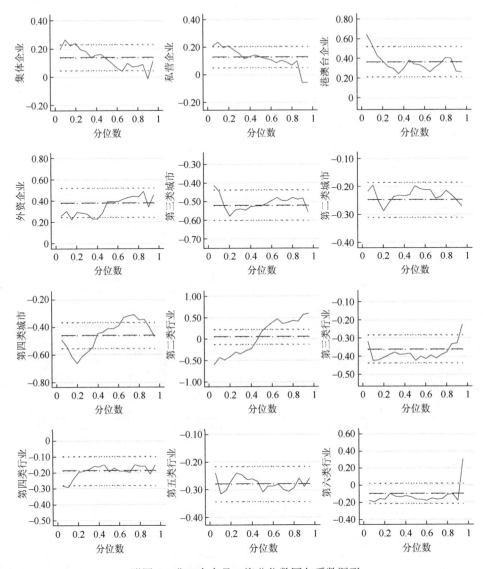

附图 4 非工会会员工资分位数回归系数图形